¿Cómo será el fin del mundo?

Libros de la serie

«Preguntas que hacen los cristianos»:

¿Cómo será el fin del mundo? Y otras preguntas sobre los últimos tiempos y la segunda venida de Cristo

¿Donde estaba Dios cuando sucedió eso? Y otras preguntas sobre la bondad de Dios, su poder y su forma de obrar en el mundo.

¿El diablo me obligó a hacerlo? Y otras preguntas sobre Satanás, demonios y espíritus malignos

¿Está Dios en contra de los gays? Y otras preguntas sobre homosexualidad, la Biblia y atracción hacia personas del mismo sexo

¿Por qué tuvo que morir Jesús? Y otras preguntas sobre la cruz de Cristo y su significado para nosotros

¿Qué pasa cuando uno muere? Y otras preguntas sobre el cielo, el infierno y la vida venidera

¿Realmente existe el infierno? Y otras preguntas sobre el juicio, la eternidad y el Dios de amor

¿Y quién es el Espíritu Santo? Y otras preguntas sobre quién es Él y qué hace

¿Cómo será el fin del mundo?

Y otras preguntas sobre los últimos tiempos y la segunda venida de Cristo

Jeramie Rinne

EDITORIAL
PORTAVOZ

La misión de *Editorial Portavoz* consiste en proporcionar productos de calidad —con integridad y excelencia—, desde una perspectiva bíblica y confiable, que animen a las personas a conocer y servir a Jesucristo.

Publicado originalmente en inglés por The Good Book Company con el título *How will the world end? And other questions about the last things and the second coming of Christ*, © Jeramie Rinne/The Good Book Company, 2014. Traducido con permiso.

Traducción: Nohra Bernal

La letra cursiva o negrita en el texto bíblico es énfasis del autor.

EDITORIAL PORTAVOZ
2450 Oak Industrial Drive NE
Grand Rapids, Michigan 49505 USA
Visítenos en: www.portavoz.com

ISBN 978-0-8254-5923-8 (rústica)
ISBN 978-0-8254-6831-5 (Kindle)
ISBN 978-0-8254-7656-3 (epub)

1 2 3 4 5 edición / año 29 28 27 26 25 24 23 22 21 20

Impreso en los Estados Unidos de América
Printed in the United States of America

Contenido

Introducción

¿Por qué es todo tan complicado?

Es el fin del mundo tal como lo conocemos, y me siento confundido.

¿Dónde estabas la primera vez que te diste cuenta de que el mundo podía llegar a su fin? Yo era un preadolescente y estaba en casa viendo televisión.

Encontré un programa que dramatizaba lo que dijo la Biblia que sucedería en los «últimos tiempos». Pasaron por la pantalla imágenes aterradoras: guerras, desastres naturales y, por supuesto, imágenes borrosas de nubes atómicas. No logro recordar lo que enseñaba el programa exactamente, pero recuerdo que me asustó.

El siguiente contacto que tuve con el apocalipsis (el fin del mundo) fue siendo adolescente, en el grupo juvenil de una iglesia. Vimos una película titulada *Como ladrón en la noche*. En ella, una joven desdichada hace caso omiso de la invitación de su familia y de sus amigos para seguir a Jesús. De repente, los verdaderos creyentes son llevados al cielo en un «rapto» secreto, y ella queda sola para enfrentar la horrenda tribulación global (período de sufrimiento) de los últimos días. Por un lado, la película avivó mi curiosidad. *¿Qué sucedería si millones de personas desaparecieran al mismo tiempo?* Por otro lado, la película también me puso nervioso. *¿Estaría yo entre los que son llevados por Jesús antes de que el mundo se desmorone, o entre los que se quedan?*

En otra ocasión fue a través de mi líder de jóvenes. Durante una clase de escuela dominical, él expuso la enseñanza bíblica acerca del fin del mundo utilizando una línea del tiempo. De hecho, parecía más un diagrama de cableado eléctrico. Había flechas, cuadros y símbolos que esbozaban una compleja cascada de acontecimientos finales como el rapto, los siete años de tribulación, el milenio y el juicio del gran trono blanco.

Me presentó personajes del libro de Apocalipsis como la bestia y su secuaz, el falso profeta, los cuales servían al dragón presidiendo en un gobierno mundial en el que, de algún modo, ocupaban un lugar protagónico Europa, Rusia y China. Esto venía después del asesinato de la bestia y de su prodigioso regreso a la vida a los tres años y medio de la tribulación, por supuesto.

Al igual que la película *Como ladrón en la noche*, esa enseñanza produjo un efecto contradictorio en mí. En cierto sentido me intrigaba. Era como aprender un código ultrasecreto con el cual podía supuestamente descifrar el verdadero significado de los acontecimientos actuales. Sin embargo, las explicaciones y las gráficas también me confundían por su gran complejidad. Además, ¿qué visión tenía exactamente mi líder juvenil acerca de estos temas bíblicos? El libro de Apocalipsis me confundía, pero de algún modo él parecía comprender perfectamente las visiones apocalípticas del libro. Además, un sentido de temor y presentimiento todavía parecían plagar cualquier discusión del gran final del mundo.

Dos reacciones comunes

Al hablar con los seguidores de Jesús acerca del fin del mundo, he descubierto que muchos sufren el mismo revoltijo de emociones que yo experimenté: fascinación mezclada con confusión, impregnada de cierto temor. Como resultado, los cristianos suelen responder de dos maneras a la pregunta *¿cómo será el fin del mundo?*

Algunos (al parecer una minoría) responden sumergiéndose en las aguas profundas de los últimos días. Tratan de descifrar las extrañas visiones bíblicas, analizan los números misteriosos y trazan gráficas.

Estos expertos del fin de los tiempos entienden las diferencias entre términos como pretribulacionista y postribulacionista. Saben cuál de las «posiciones» es la correcta y los versículos bíblicos que la demuestran. Monitorean de cerca los acontecimientos del mundo, especialmente lo que ocurre en Oriente Medio, y pueden fácilmente conectar esos sucesos con profecías bíblicas específicas.

Sin embargo, he conocido muchos más cristianos que reaccionan al tema del fin del mundo tambaleándose en la dirección opuesta. En términos generales, evitan el tema. De vez en cuando se quitan los zapatos, se enrollan los pantalones y tímidamente mojan un dedo en aguas menos profundas de la especulación apocalíptica. Puede que lean uno de los libros de la colección *Dejados atrás*, o se sienten en una clase de escuela dominical acerca del libro de Daniel, en el Antiguo Testamento. Pero no van más allá de eso. Tan pronto la conversación se vuelve más profunda, saltan fuera del agua.

Si a esta clase de persona le preguntas si es un premilenialista o posmilenialista, es posible que te lance la vieja broma: «Soy un optimilenialista... ¡al final todo va a salir bien!». O puede que te presente una interpretación del libro del Apocalipsis: «¡Dios gana!». Fin de la discusión.

¿Por qué los cristianos que creen en la Biblia evitan estos temas bíblicos? ¿Por qué no estudian más acerca del fin del mundo? Existen varias razones posibles:

- **El fin del mundo es un tema debatido.** Hay cristianos inteligentes y devotos que están en desacuerdo acerca de los temas del fin de los tiempos. Los eruditos que creen en la Biblia sostienen interpretaciones que difieren ampliamente. Si esas personas no pueden ponerse de acuerdo sobre el significado de las profecías del fin de los tiempos, ¿cómo es posible que los cristianos normales logren resolver la cuestión?

- **El fin del mundo puede causar divisiones.** Peor aún, los cristianos se enredan en discusiones acerca de estos temas. En algunos casos, las iglesias se dividen y los creyentes ponen en duda la autenticidad de la fe de otros a causa de sus ideas. ¿Para qué arriesgarse a generar conflicto sobre algo tan confuso?

- **El fin del mundo es incierto.** No estamos cien por ciento seguros de cómo va a desarrollarse cada detalle hasta que suceda realmente. Entonces, ¿para qué gastar tiempo y energía estudiando o debatiendo algo tan especulativo?

- **El fin del mundo parece irrelevante.** Si crees en Jesús y piensas que creer en Jesús es el camino a la vida eterna, ¿para qué complicarse con los detalles? ¿Para qué desarrollar una teoría intrincada del fin del mundo que termine siendo extremadamente imprecisa? Si confías en Cristo, eso no va a afectar tu destino eterno. ¿No resulta ser, al final, una distracción de las verdades más importantes y de vivir la vida cristiana como tal?

Estudiar el fin del mundo parece ser un trabajo excesivo con muy pocos beneficios. Es demasiado complicado, ¿no es así?

¡Mira el bosque!

Cuando los detalles te abruman, conviene dar un paso atrás y ver el cuadro completo. No pierdas de vista el bosque por fijarte solo en los árboles. Y cuando se trata de la enseñanza de la Biblia acerca del fin del mundo, es fácil estudiar los árboles de manera tan concentrada que te pierdes en el bosque.

El propósito principal de este libro es ayudar a los cristianos comunes a recuperar ese cuadro completo del fin del mundo. Es un libro que busca ver una vez más el bosque entero, no hacer un estudio microscópico de una corteza. O retomando la ilustración de las aguas, este libro no va a llevarte a una profunda inmersión al fondo para estudiar los pequeños detalles. Antes bien, este libro se propone ayudar a los cristianos a mojarse más allá que los tobillos, a sumergirse y aprender a disfrutar la experiencia de nadar en el tema, sin ahogarse.

Espero que este libro te ayude a pasar de la confusión sobre los últimos tiempos a tener una comprensión básica de sentido común. Confío que esto te libere de temores y ansiedad, y te capacite para encontrar gozo y paz cuando pienses en el fin del mundo.

Los cristianos no deberían temer lo que dice la Biblia acerca del fin. Deberían gloriarse en ello.

Dudo que todos estén de acuerdo con todo lo que digo en este libro. Yo tengo mis propias creencias acerca del fin del mundo, e intentaré presentar de manera equitativa otros puntos de vista. Sin embargo, mi meta no es tanto enfocarme en las preguntas esenciales que dividen a las personas, sino más bien subrayar las enseñanzas bíblicas centrales acerca del fin, enseñanzas que deberían unir a los cristianos en lugar de separarlos en bandos. Y ¿quién sabe? Tal vez algunos aficionados al fin de los tiempos salgan de las aguas profundas mientras leen este libro y tomen un respiro que tanto necesitan.

Y la clave para todo esto, para ver el bosque y nadar en las aguas sin ahogarse, es mantener siempre el enfoque en la figura central del fin del mundo.

La clave es mantener nuestros ojos puestos en Jesús.

Capítulo 1

¿Cómo será el fin del mundo?

Próximamente en tu cine más cercano: *El Apocalipsis.*

El fin del mundo ha sido un gran negocio para Hollywood. Los productores de cine han usado los avances tecnológicos de imágenes asistidas por computadora para crear una serie constante de películas sobre desastres apocalípticos. Estos increíbles efectos especiales que atraen a millones de espectadores presentan diversos escenarios posibles de la destrucción del mundo.

Para empezar, está el panorama del asteroide que presentan largometrajes como *Armagedón* e *Impacto profundo.* Unas rocas espaciales gigantescas chocan contra el planeta, arrasan con ciudades completas, producen imponentes tsunamis y amenazan la humanidad con un épico suceso que se aproxima a la extinción completa. En el mundo real, grandes asteroides han impactado antes la tierra, y los astrónomos advierten que puede volver a suceder.

Por otro lado, tenemos la versión de la erupción solar: el sol expulsa una enorme ola de radiación que hace hervir la tierra. Es así como termina el mundo en *Señales del futuro*, al igual que en *2012*, según las predicciones del calendario Maya, por supuesto.

O tal vez la humanidad muera en sus propias manos por cuenta de la contaminación y el calentamiento global (como en *El día después de mañana* o *Wall-E*), o mediante la creación de inteligencia artificial que ataca a quien la creó, como el monstruo de Frankenstein (véanse las series de *Terminator* y *Matrix* para más detalles). O quizá seamos borrados de la faz de la tierra por cuenta de una epidemia viral (como en *Estallido, Contagio* o *12 monos*). ¿Y si la enfermedad nos convierte en… zombis? ¡Eso fue lo que sucedió en *Guerra mundial Z* y en *Soy leyenda*!

Y no olvidemos la fórmula predilecta de Hollywood para una catástrofe mundial: la invasión de alienígenas. Desde la obra clásica de H. G. Wells *La guerra de los mundos*, los narradores se han preguntado: «¿Qué pasa si no estamos solos en el universo y si nuestros vecinos espaciales no son amigables?». La lista de películas con ataques violentos de extraterrestres es demasiado extensa para citar. ¿Cuál es tu favorita?

Sin embargo, cuando consultamos la Biblia para ver cómo va a terminar el mundo, encontramos algo completamente inesperado. Nuestro fin no vendrá por cuenta de asteroides, robots, virus ni alienígenas.

El fin del mundo vendrá por algo que Hollywood jamás imaginó.

Un cordero.

> Miré cuando abrió el sexto sello, y he aquí hubo un gran terremoto; y el sol se puso negro como tela de cilicio, y la luna se volvió toda como sangre; y las estrellas del cielo cayeron sobre la tierra, como la higuera deja caer sus higos cuando es sacudida por un fuerte viento. Y el cielo se desvaneció como un pergamino que se enrolla; y todo monte y toda isla se removió de su lugar. Y los reyes de la tierra, y los grandes, los ricos, los capitanes, los poderosos, y todo siervo y todo libre, se escondieron en las cuevas y entre las peñas de los montes; y decían a los montes y a las peñas: Caed sobre nosotros, y escondednos del rostro de aquel que está sentado sobre el trono, y de la ira del Cordero; porque el gran día de su ira ha llegado; ¿y quién podrá sostenerse en pie? (Apocalipsis 6:12-17).

Antes de que hablemos específicamente del Cordero, retomemos nuestra pregunta fundamental. Según lo que dice este pasaje, ¿cómo será el fin el mundo?

El mundo terminará en juicio

El problema que enfrenta la raza humana no es que se dirija a una colisión con un asteroide. Nuestro problema es mucho peor: nos dirigimos a una colisión con un Dios santo que viene a juzgar un mundo pecaminoso. Desde los grandes juicios del Antiguo Testamento, pasando por los mensajes de los profetas de Israel, hasta las enseñanzas de Jesús y las cartas de los apóstoles, la Biblia entera nos advierte que esta creación rebelde va a rendir cuentas a su Creador.

Observa todo el lenguaje alusivo al juicio que está presente en estos versículos. Primero, encontramos descripciones inquietantes de un universo que se desintegra: el sol se oscurece, la luna se vuelve roja, las estrellas caen, los cielos se enrollan y las montañas e islas se borran. Podríamos preguntarnos hasta qué punto estas calamidades sucederán de manera literal y hasta qué punto estas imágenes son metafóricas. Pero lo importante es saber que estas palabras son inspiradas por las imágenes del Antiguo Testamento que describen el juicio de Dios. Por ejemplo, Isaías advierte acerca de la venida del Señor en juicio con ira contra todas las naciones. En dicha advertencia dice:

> Y todo el ejército de los cielos se disolverá, y se enrollarán los cielos como un libro; y caerá todo su ejército, como se cae la hoja de la parra, y como se cae la de la higuera (Isaías 34:4).

Cuando Dios venga a juzgar, el mundo se desintegra. El Creador deshace su creación.

Segundo, vemos imágenes del juicio en Apocalipsis 6 cuando los habitantes de la tierra se esconden de miedo delante «de aquel que está sentado sobre el trono». Dios es el Rey en el trono del cielo, y los reyes del mundo antiguo actuaron como jueces. Los reyes promulgaron leyes, emitieron veredictos y ejecutaron sentencias. De modo que una referencia al trono de Dios significa juicio, tal como en nuestros días una referencia al «estrado» significaría juicio. El mundo terminará cuando Dios abra la sesión de su corte suprema.

Tercero, este terrible suceso se denomina «el gran día de su ira». A veces nos quedamos nada más en la palabra «ira». Cuando pensamos en ira puede que imaginemos a un ebrio enojado que pronuncia maldiciones y busca peleas, o un conductor estresado que serpentea de manera agresiva entre los demás automóviles al tiempo que grita a los demás conductores, o un manifestante extremista que grita y sacude sus puños, atrapado en el fanatismo peligroso de una multitud. ¿Es Dios como ellos? ¿Descontrolado y enloquecido de furia? ¿Acaso no dice la Biblia que Dios es amor?

Sí, Dios es amor. Pero también es santo. Eso significa que Dios es tan puro y bueno que odia todo pecado, toda maldad y todo acto indebido. A nosotros nos desagradan algunos pecados, en especial cuando otras personas hacen algo malo que nos lastima. Pero por lo general no acostumbramos considerar nuestro propio pecado como algo tan malo. En cambio, Dios es el juez perfecto que ve toda la evidencia y está indignado por todo ello: mentiras, chismes, avaricia, robo, orgullo, lujuria, adulterio, aborto, explotación, engaño, vanidad, hipocresía, idolatría, adicción, egoísmo, jactancia y todo lo demás.

Y Dios responde con ira de juicio. La ira de Dios es su repudio perfecto, equilibrado y justo por el pecado que trae como resultado un juicio adecuado. La ira es la respuesta apropiada del Juez santo contra un mundo que lo desprecia y desacata sus leyes.

¿Puedes imaginar cómo sería si Dios nunca juzgara el pecado y el mal en el mundo? ¿Qué sucedería si la historia humana continuara indefinidamente con todas las maldades que han cometido las personas unas contra otras y todo su rechazo a Jesús, sin que Dios hiciera algo al respecto? ¿No sería falta de amor de parte de Dios si no tratara el pecado con juicio y restableciera justicia? ¿Cómo podríamos afirmar que Dios es «bueno» si tolera el mal para siempre? Sería como un agente de policía que deja de perseguir a los malos o una mamá que nunca disciplina a sus hijos. Puede ser que la mamá parezca amorosa en un principio, porque sus hijos hacen lo que les apetece. Pero a la larga esos hijos crecerían para convertirse en unos malcriados que acarrean desdicha sobre ellos mismos y sobre todos a su alrededor. Un Dios todopoderoso que nunca aplica justicia no es ni bueno ni amoroso.

¡Qué contraste hay entre Hollywood y la Biblia! En las versiones cinematográficas del apocalipsis, la humanidad está por lo general bajo la amenaza de desastres naturales: erupciones solares, virus y sí, incluso alienígenas. En estas versiones, el apocalipsis es nada más una pizca de mala suerte cósmica, no un castigo por nuestras maldades. En cambio, la Biblia ve el fin del mundo no como un desastre natural sino como un desastre moral. El fin viene cuando el Juez divino interrumpe la historia en respuesta directa a nuestros corazones, palabras y hechos.

De hecho, ¿has observado lo que dice la humanidad en el pasaje de Apocalipsis? Claman a las rocas y las montañas: «Caed sobre nosotros, y escondednos» (Apocalipsis 6:16). En realidad, las personas rogarán morir por un desastre natural. Morir por causa de un asteroide, un tsunami o una plaga será mucho más tentador que enfrentar a nuestro Hacedor santo en el día de su ira.

El juicio será ineludible

La versión de Hollywood del fin del mundo también difiere de la de la Biblia porque usualmente los héroes de la película de algún modo sobreviven al fin del mundo.

En *Armagedón*, un grupo de valientes se lanza a un asteroide que se introduce en la atmósfera, perfora y clava un poste, inserta un misil nuclear y hace estallar la roca en el último segundo, salvando así al planeta. En *Día de la independencia*, un intrépido piloto se infiltra en una de las naves nodrizas de los alienígenas y la hace estallar, justo cuando la humanidad está al borde de la extinción. Por supuesto que estas películas generan suficiente confusión a nivel global.

Pero al final, las personas logran escapar de algún modo gracias a su ingenio, valor y fuerza de voluntad. Como exclama desafiante uno de los personajes de *Titanes del Pacífico*: «¡Hoy cancelamos el apocalipsis!».

No obstante, en el relato bíblico, la humanidad no sale tan bien librada. Nadie escapa al juicio de Dios. Veamos de nuevo la lista de personas afectadas por la llegada del día de la ira:

> Y los reyes de la tierra, y los grandes, los ricos, los capitanes, los poderosos, y todo siervo y todo libre, se escondieron en las cuevas y entre las peñas de los montes (Apocalipsis 6:15).

Esta lista incluye, básicamente, a todo el mundo. No hay excepciones. Por otro lado, si te detienes a contar, hay siete tipos o categorías de personas enumeradas. El libro de Apocalipsis se especializa en números simbólicos, y el número siete es uno de los predilectos. Por regla general, el siete significa totalidad o completitud, como los siete días de la creación. Así que el hecho de que la lista incluya siete tipos de persona señala que todas las personas deben enfrentar la ira de Dios.

El Cordero aplicará el juicio

Sin embargo, no es solo la ira de Aquel que se sienta en el trono lo que amenaza la raza humana entera. También sentiremos la ira del Cordero.

Es probable que nunca hayas puesto las palabras «ira» y «cordero» en una misma frase juntas. Los corderos son tiernos y adorables, no fieros y furiosos. Las personas no acostumbran temer una catástrofe inminente mientras observan a un cordero retozar en una pradera. Sin embargo, en el fin del mundo, las personas preferirán morir por una avalancha con tal de no enfrentar la furia del Cordero.

¿Quién es este Cordero? El «Cordero» es el nombre en clave de Apocalipsis para referirse a Jesús. En Apocalipsis, Jesús es el Cordero que juzga, el que abre los rollos del juicio, el que conquista un mundo incrédulo e incluso supervisa el juicio eterno del infierno.

No obstante, es probable que esa explicación produzca más confusión. Quizá resulte tan difícil imaginar a Jesús juzgando al mundo como imaginar a un Cordero airado destruyéndonos. Tal vez consideres principalmente a Jesús como alguien amable y manso, alguien que ama y no pelea, que es amigo de los pecadores y no alguien que los condena. Es verdad: En su nacimiento, Jesús vino en secreto, ministró entre los humildes y murió en una cruz vergonzosa. Pero cuando vuelva, será como el Juez glorioso, no como el tierno bebé en un pesebre.

Cuando miramos el resto del Nuevo Testamento, encontramos la misma expectativa: Jesús traerá juicio final sobre el mundo. Por ejemplo, el apóstol Pedro dijo:

> Y nos mandó que predicásemos al pueblo, y testificásemos que él es el que Dios ha puesto por Juez de vivos y muertos (Hechos 10:42).

Y Pablo, su compañero apóstol, coincidió afirmando:

> Porque es necesario que todos nosotros comparezcamos ante el tribunal de Cristo, para que cada uno reciba según lo que haya hecho mientras estaba en el cuerpo, sea bueno o sea malo (2 Corintios 5:10).

¿Y de dónde sacaron Pedro y Pablo esta idea? ¡Jesús mismo lo dijo!

> Porque el Padre a nadie juzga, sino que todo el juicio dio al Hijo, para que todos honren al Hijo como honran al Padre. El que no honra al Hijo, no honra al Padre que le envió (Juan 5:22-23).

En el centro de la Biblia y en el centro de toda la historia humana está Jesucristo, el Hijo de Dios. Y será Jesús mismo quien lleve al mundo a su fin. Todos los ojos estarán puestos en Jesús el Cordero cuando regrese como juez divino.

Un destello de esperanza

He aquí un pensamiento final: Existe un aspecto positivo del hecho de que Jesús sea el Cordero. Es precisamente la identidad de Cordero lo que nos da un destello de esperanza de que podemos escapar de la ira del Cordero.

> ...porque tú [Jesús] fuiste inmolado, y con tu sangre nos has redimido para Dios, de todo linaje y lengua y pueblo y nación (Apocalipsis 5:9).

En la cruz, Jesús murió como el Cordero de Dios que se sacrificó para rescatar a un pueblo pecador del día del juicio final. Por medio de su propia muerte, Él recibió la ira del juicio de Dios que nosotros merecíamos. Él pagó el precio para que nosotros pudiéramos ser libres. Cuando Jesús fue crucificado, el cielo se llenó de tinieblas y la tierra tembló por causa del juicio propio del fin del mundo que se manifestó de manera anticipada en Jesús, de modo que aquellos que crean en Él puedan ser perdonados y librados de la sentencia final de la humanidad. Las personas en Apocalipsis 6 exclaman: «el gran día de su ira ha llegado; ¿y quién podrá sostenerse en pie?». He aquí la respuesta: Aquellos que se arrepienten y creen en Jesucristo, el Cordero de Dios, se sostendrán en pie.

No hay manera de eludir a Jesús, ni de escapar al juicio final. La única pregunta que queda por responder es si vamos a volvernos a Jesús ahora como el Cordero que nos rescata, o vamos a enfrentarlo como el Cordero airado en el día final. ¿Recibirá el Cordero el juicio que te corresponde hoy, o Él te lo aplicará a ti cuando el mundo termine?

¿Por qué tarda tanto?

Han pasado ya dos milenios, un siglo más o menos, desde que Jesús y sus apóstoles advirtieron que el mundo terminaría con el regreso de Jesús para juzgar al mundo. Entonces, ¿por qué la demora? ¿Por qué no ha venido aún?

El problema se vuelve aún más notorio porque parecía que Jesús y sus apóstoles aludían al fin como algo que estaba realmente cercano y muy próximo. Después de describir los acontecimientos que anteceden su Segunda Venida, Jesús dijo: «De cierto os digo, que no pasará esta generación hasta que todo esto acontezca» (Mateo 24:34). «Hijitos, ya es el último tiempo» (1 Juan 2:18). «Mas el fin de las cosas se acerca» (1 Pedro 4:7). El filósofo Bertrand Russell escribió en 1927 un ensayo titulado *Por qué no soy cristiano*. Una de las muchas razones por las que Russell rechazó el cristianismo era que, al parecer, Jesús y sus amigos se habían equivocado en sus cálculos para el día del juicio final. Russell murió en 1970 y Jesús todavía no ha regresado.

La pregunta no es nueva. Las personas la formularon en la época del Nuevo Testamento. Pedro mismo, quien dijo que el fin estaba cerca, también enfrentó a los escépticos:

> **Sabiendo primero esto, que en los postreros días vendrán burladores, andando según sus propias concupiscencias, y diciendo: ¿Dónde está la promesa de su advenimiento? Porque desde el día en que los padres durmieron, todas las cosas permanecen así como**

> desde el principio de la creación. (2 Pedro 3:3-4)

Entonces, ¿qué explicación dio Pedro a la tardanza?

> Estos ignoran voluntariamente, que en el tiempo antiguo fueron hechos por la palabra de Dios los cielos, y también la tierra, que proviene del agua y por el agua subsiste, por lo cual el mundo de entonces pereció anegado en agua; pero los cielos y la tierra que existen ahora, están reservados por la misma palabra, guardados para el fuego en el día del juicio y de la perdición de los hombres impíos. Mas, oh amados, no ignoréis esto: que para con el Señor un día es como mil años, y mil años como un día. El Señor no retarda su promesa, según algunos la tienen por tardanza, sino que es paciente para con nosotros, no queriendo que ninguno perezca, sino que todos procedan al arrepentimiento (2 Pedro 3:5-9).

Pedro presentó tres argumentos a los escépticos de aquel entonces, los cuales se aplican también en la actualidad.

- *Dios ya ha juzgado antes al mundo.* Pedro les recordó que Dios juzgó al mundo con agua en los días de Noé. Es probable que la gente se haya burlado de Noé y también de su arca... hasta que vinieron las aguas. El punto que Pedro quiere señalar es que Dios ya lo hizo antes y que lo hará de nuevo, ¡excepto que la próxima vez usará fuego en vez de agua!

- *Dios calcula el tiempo diferente.* Dios es eterno. De modo que las referencias al tiempo como «pronto» o «cercano» significan algo diferente para Dios de lo que significan para nosotros. Es como cuando a un niño de cinco años le parece una eternidad esperar una hora, pero no lo es tanto para un anciano de noventa. Hagamos los cálculos: Si mil años son como un día para Dios, desde la perspectiva de Dios vamos apenas por el tercer día desde que Pedro dijo: «El fin de todas las cosas se acerca».
- *Dios está siendo paciente por nuestro bien.* Dios ha retardado el juicio para dar al mundo tiempo de arrepentirse de su pecado y volverse a Jesús. La demora del regreso de Jesús demuestra cuán amoroso, paciente y misericordioso es Dios. Quienes confiamos en Jesús necesitamos aprovechar al máximo este tiempo para comunicar el evangelio a otros y para animarlos a que se arrepientan. Hoy es en verdad el día de salvación.

Capítulo 2

¿Qué sucederá antes de que Jesús vuelva?

Dios nos ha bendecido a mi esposa Jennifer y a mí con cuatro hijos, todos de parto natural, y en cada caso yo estuve presente a lo largo de todo el proceso. Para ser completamente franco, ver el nacimiento de cada uno de mis hijos fue, a la vez, la experiencia más maravillosa y la más aterradora de mi vida.

Fue maravillosa, por supuesto. Casi milagrosa. ¿Cómo describir con palabras el asombro de ver a mis hijos nacer? ¿O entrever el gozo en los ojos de mi esposa cuando conoció por primera vez a cada uno de sus bebés? ¿Cómo podré olvidar esa ola repentina de devoción paternal que embargó mi corazón? Cada nacimiento fue un momento sublime.

Sin embargo, en marcado contraste, el parto que precedió cada nacimiento fue puro horror. Fueron horas y horas de gritos, gemidos, sudor y llanto.

¿Estaba yo en una sala de maternidad o en un gulag? Con el paso de las horas, los dolores de parto empeoraban y yo no podía hacer nada para ayudar a mi esposa aparte de ofrecer un poco de ánimo ineficaz. Yo la observaba mientras ella se retorcía de dolor con cada contracción sucesiva que se intensificaba.

¿No te inspiro lástima?

En el primer capítulo vimos que el mundo va a terminar cuando Jesús regrese como juez. Para aquellos que creen el evangelio y ya no deben temer a la ira del Cordero, la aparición de Jesús en el fin del mundo será como el momento en el que nace un niño: gozoso, milagroso, sublime. Cuando veamos a Jesús de nuevo, será el mejor día de todos los tiempos.

No obstante, antes de que ocurra el milagro del nacimiento viene el tormento del parto. Antes del gozo exultante viene la agonía creciente. Y es así como Jesús describió los sucesos previos a su Segunda Venida. Él los llamó «dolores de parto». ¿Qué sucederá antes de que Jesús vuelva? El mundo va a experimentar un parto.

> Y estando él sentado en el monte de los Olivos, los discípulos se le acercaron aparte, diciendo: Dinos, ¿cuándo serán estas cosas, y qué señal habrá de tu venida, y del fin del siglo? Respondiendo Jesús, les dijo: Mirad que nadie os engañe. Porque vendrán muchos en mi nombre, diciendo: Yo soy el Cristo; y a muchos engañarán.

> Y oiréis de guerras y rumores de guerras; mirad que no os turbéis, porque es necesario que todo esto acontezca; pero aún no es el fin. Porque se levantará nación contra nación, y reino contra reino; y habrá pestes, y hambres, y terremotos en diferentes lugares. Y todo esto será principio de dolores.
>
> Entonces os entregarán a tribulación, y os matarán, y seréis aborrecidos de todas las gentes por causa de mi nombre. Muchos tropezarán entonces, y se entregarán unos a otros, y unos a otros se aborrecerán. Y muchos falsos profetas se levantarán, y engañarán a muchos; y por haberse multiplicado la maldad, el amor de muchos se enfriará. Mas el que persevere hasta el fin, éste será salvo. Y será predicado este evangelio del reino en todo el mundo, para testimonio a todas las naciones; y entonces vendrá el fin (Mateo 24:3-14).

Si el tiempo de la venida de Jesús será como dolores de parto, estos versículos son como una clase de preparación para el parto. Explican cómo será el proceso previo al nacimiento. Cuando mi esposa estaba embarazada de nuestro primer hijo, asistimos juntos a una clase de preparación para el parto. La clase abarcaba las etapas del parto, las posibles complicaciones, los sucesos previstos como la ruptura de fuente y la administración de anestesia epidural. Incluso vimos un hermoso vídeo gráfico de partos reales. El objetivo de la clase era brindarnos expectativas realistas del nacimiento para que pudiéramos estar preparados.

De igual manera, esto fue lo que Jesús se propuso con esos versículos. Estaba preparando a sus discípulos para que permanecieran firmes en Él ajustando sus expectativas respecto a los dolores de parto futuros. Él no dijo estas cosas para asustar ni confundir a sus seguidores. Él nos dice lo que podemos esperar porque nos ama y no quiere que nos aterroricemos cuando las cosas sucedan, o que pensemos erróneamente que es el fin del mundo cuando en realidad el fin todavía puede tardar mucho. Examinemos pues de nuevo la enseñanza de Jesús y estudiemos en detalle lo que va a suceder antes de que Él vuelva, de tal forma que nosotros también estemos preparados para permanecer fieles a Jesús pase lo que pase.

Falsos mesías y falsos profetas

Las primeras palabras que salen de la boca de Jesús en estos versículos son: «Mirad que nadie os engañe» (v. 4). Jesús advierte a sus seguidores que antes de su regreso se levantarán líderes religiosos falsos que engañarán a la gente. Estos impostores vendrán en dos variedades.

En primer lugar, hay falsos cristos. Jesús nos dice que tengamos cuidado con personas que dicen: «Yo soy el Mesías» (v. 5). A lo largo de los siglos, varios individuos han afirmado ser algún tipo de mesías. En el siglo XVIII, Ann Lee, una de las líderes de un grupo religioso llamado los Shakers (Sacudidos), se autoproclamó ser la versión femenina de Jesús. También apareció Sun Myung Moon, el fundador coreano del siglo XX de los «Moonies», quien afirmó ser él mismo la segunda venida de Cristo. Estos falsos mesías confundieron y engañaron a muchos, pero Jesús ha señalado con absoluta claridad: si alguien afirma ser el Mesías, mira que nadie te engañe.

En segundo lugar, Jesús advirtió acerca de falsos profetas. Estas son personas que declaran traer un mensaje directo de parte de Dios. Jesús advirtió que algunos falsos profetas podrían incluso llevar a cabo señales milagrosas (v. 24). Pero siempre es posible detectar a un falso profeta porque desvía a las personas del Jesús de la Biblia, ya sea negando a Jesús completamente o, como sucede más a menudo, proclamando alguna versión distorsionada de Jesús que no se conforma a lo que enseña la Biblia.

Por ejemplo, podríamos pensar en José Smith, el profeta que fundó el mormonismo. Su doctrina mormona enseña que Jesús es un ser procreado que es fruto de la unión de Dios Padre y una esposa espiritual. Además, sostiene que Jesús era simplemente el primero de muchos hijos espirituales que nacieron de Dios en el mundo. Uno de los muchos hermanos de Jesús era Lucifer, ¡el diablo mismo! Cientos de millones de personas todavía siguen las palabras de estos profetas en la actualidad.

¿Y qué de todos los gurús, maestros y expertos que no se autodenominan «mesías» pero que aseguran

¿Quién es el anticristo?

Pregunta: *¿Qué tenían en común Nerón, Carlomagno, Napoleón y Hitler, además de gobernar naciones?*

Respuesta: *¡A todos los han identificado como el anticristo!*

A lo largo de la historia se ha creído que varias personas eran el anticristo, el falso mesías supremo que sería como Satanás encarnado y engañaría al mundo para que lo adore y lo siga. Sin embargo, en todos los casos, el candidato para ese cargo de anticristo murió y el mundo siguió su curso.

Entonces, ¿quién es este anticristo y cómo vamos a identificarlo (o identificarla)? El apóstol Juan nos dio esta sorprendente respuesta:

> Hijitos, ya es el último tiempo; y según vosotros oísteis que el anticristo viene, así ahora han surgido muchos anticristos; por esto conocemos que es el último tiempo. Salieron de nosotros, pero no eran de nosotros; porque si hubiesen sido de nosotros, habrían permanecido con nosotros; pero salieron para que se manifestase que no todos son de nosotros. ¿Quién es el mentiroso, sino el que niega que Jesús es el Cristo? Este es anticristo, el que niega al Padre y al Hijo. (1 Juan 2:18-19, 22)

¿Lo captaste? De acuerdo con lo que dice Juan, hay *muchos anticristos*. Además, ¡algunos ya habían surgido en su propio tiempo y habían sido parte de su iglesia! ¿Quién es el anticristo? Es «el que niega que Jesús es el Cristo» (v. 22). Esto tiene sentido: una persona que niega que Jesús es el Cristo está, en sentido literal, contra (anti) Cristo.

Juan dijo algo similar en su segunda carta: «muchos engañadores han salido por el mundo, que no confiesan que Jesucristo ha venido en carne. Quien esto hace es el engañador y el anticristo» (2 Juan 7). Al parecer, no hace falta gobernar un imperio para cumplir los requisitos de un anticristo. Basta con negar que Jesús es el Mesías y que vino como un hombre para salvarnos. Con razón han existido tantos candidatos para anticristo a lo largo de los siglos; muchos han negado y se han opuesto a Jesús y al evangelio. El espíritu del anticristo está claramente operante en el mundo (véase 1 Juan 4:3).

Pero, ¿qué del anticristo final? ¿Habrá un individuo que rechace más que cualquier otro a Jesús y que se levante para engañar al mundo al final de todo? Al parecer, así es. Juan dijo: «oísteis que el anticristo viene» (1 Juan 2:18). Parece que a pesar de que él mismo había visto muchos anticristos en su época, reconocía la existencia de un anticristo final. Y el apóstol Pablo enseñó acerca de un futuro «hombre de pecado», una figura que «se opone y se levanta contra todo lo que se llama Dios o es objeto de culto; tanto que se sienta en el templo de Dios como Dios, haciéndose pasar por Dios» (2 Tesalonicenses 2:4). Resulta imposible oponerse a Jesús más allá de eso.

Así pues, está atento a la aparición del anticristo. Pero no te concentres únicamente en presidentes y primeros ministros. Antes bien, escucha cuidadosamente aquellas voces cotidianas, incluso voces en tu propia iglesia, que niegan a Jesús y lo ponen por debajo de su posición como el Hijo de Dios, el Mesías y el Salvador del mundo.

tener el secreto para encontrar la esperanza, la prosperidad y el éxito (todo por una suma considerable de dinero)?

Más comunes todavía son aquellos confiados y convincentes «maestros bíblicos» que distorsionan las Escrituras y ganan seguidores en iglesias locales. Estos falsos profetas desvían a las personas del evangelio y las llevan a enfocarse en enseñanzas novedosas, especulaciones y aun supuestos mensajes del Espíritu Santo.

Mantén tus ojos puestos en Jesús y persevera en el estudio de tu Biblia. De esa manera, cuando un falso profeta empiece a esparcir su veneno, serás capaz de encontrar el mensaje que sirva de antídoto y evitar así que te engañen.

Guerras y calamidades

Nada evidencia más que el mundo se desintegra como la guerra o los desastres naturales. Aún así, Jesús dijo a sus discípulos que debían *esperar* estas cosas. Guerras, hambrunas y terremotos no serían el fin del mundo; son nada más parte de los dolores de parto que preceden al regreso de Jesús.

Jesús dijo: «se levantará nación contra nación, y reino contra reino» (Mateo 24:7). ¡Acaso no tuvo razón! La guerra no ha cesado desde que Él pronunció esas palabras. Por supuesto, hay muchos ejemplos de avances positivos y pacíficos en la civilización humana desde los tiempos de Cristo. El siglo pasado experimentó un asombroso progreso en medicina, tecnología y comunicaciones que ha traído mejoras enormes a billones de vidas. En muchos sentidos, nuestro progreso tecnológico ha mejorado nuestra existencia humana.

No obstante, junto con los extraordinarios logros que se vieron en el siglo XX, también se vio el empleo de esa misma tecnología al punto de convertirlo en el siglo más sangriento y azotado por la guerra y el genocidio de la historia humana.

¿Acaso nos hemos aproximado hoy a una paz mundial? Jesús tenía razón. La humanidad ha continuado con sus tendencias bélicas.

Además de esto, habrá «hambres, y terremotos en diferentes lugares» (v. 7). Incluso el mundo físico experimenta los dolores de parto antes del regreso de Jesús. Como es de esperar, al leer el libro de Apocalipsis se descubre que muchas de sus visiones terribles de juicio incluyen precisamente esta clase de sucesos: guerras, pestes, hambres, terremotos y colapsos económicos. Y conforme se avanza en los ciclos de visiones en Apocalipsis, los juicios parecen aumentar en intensidad… tal como sucede en un parto.

Pero recordemos cuál era el punto original que

Jesús señaló: Cuando esta clase de calamidades horrendas sucedan, no se equivoquen pensando que el mundo se está acabando. No. «Todo esto será principio de dolores» (v. 8).

Persecución

Jesús tenía una preocupación aun mayor por sus seguidores que por las guerras y las calamidades. Él quería asegurarse de que no los tomara por sorpresa otro suceso inminente: la persecución. Al respecto, dijo asimismo: «Entonces os entregarán a tribulación, y os matarán, y seréis aborrecidos de todas las gentes por causa de mi nombre» (v. 9).

Sus palabras quedaron demostradas. La tradición de la iglesia nos cuenta que todos los discípulos salvo Juan murieron como mártires, y que Juan pasó sus últimos días en exilio por causa de su fe. Pero ahí no se detuvo la persecución. Los discípulos de los discípulos padecieron el maltrato a manos de los emperadores romanos. Fueron crucificados, quemados y sirvieron de alimento para los leones.

Por desdicha, la persecución tampoco se detuvo allí. Por todo el mundo, los cristianos siguen sufriendo e incluso mueren por su fe. Quienes hacen el seguimiento de la persecución religiosa a nivel mundial nos reportan que hubo más cristianos martirizados en el siglo XX que en todos los siglos anteriores combinados. Conforme se extiende el evangelio, se extiende igualmente el sufrimiento para las personas que lo llevan.

No te sorprendas si la persecución continúa hasta que Jesús regrese. Es interesante notar que en varios pasajes la Biblia parece describir el mundo al final, en el último momento, justo antes del regreso de Jesús. Y en ellos encontramos lo que parece ser una guerra final que se libra contra el pueblo de Dios bajo la dirección de un líder diabólico. Es como si Jesús debiera intervenir al final para salvar a sus seguidores de la extinción. Los falsos mesías, la guerra y la persecución no van a cesar. Son dolores de parto.

La Biblia nos da estas advertencias para que no abandonemos el barco cuando venga la persecución. «Oye, Dios, ¡esto no estaba contemplado! Pensé que Jesús iba a solucionar mis problemas, no a crear nuevos. ¿No se supone que Jesús bendice a sus seguidores con salud y prosperidad?». El sufrimiento prueba nuestra fe para revelar quién está realmente comprometido con Jesús y quién lo considera como alguna clase de Papá Noel celestial. Jesús advirtió que muchos se apartarían cuando venga la persecución (v. 10).

Pero Jesús nunca prometió que sus seguidores vivirían una larga vida o eludirían las adversidades. Antes bien, dijo: «Si alguno quiere venir en pos de mí, niéguese a sí mismo, tome su cruz cada día, y sígame» (Lucas 9:23). Del mismo modo que Jesús enfrentó la cruz antes de recibir su corona, sus seguidores deben estar preparados para soportar la persecución antes de que Jesús vuelva para traer su reino en toda su gloria. Como dijo el apóstol Pablo a los cristianos de su época: «Es necesario que a través de muchas tribulaciones entremos en el reino de Dios» (Hechos 14:22).

Maldad e impiedad

Como si la lista de dolores de parto no fuera suficientemente mala, en Mateo 24:12 Jesús menciona también la maldad (que se traduce en algunas Biblias como «iniquidad»). El mundo seguirá en su descomposición moral hasta el final.

Ya hemos mencionado las guerras. Piensa además en los otros males morales que persisten hasta hoy. Los narcóticos devoran las vidas de un sinnúmero de personas, causando estragos en las familias y en las comunidades. El tráfico de personas y el comercio sexual arrastran víctimas que ascienden a las decenas de millones. Hay consumidores de pornografía por todo el planeta, sentados en la comodidad de sus hogares gracias a la Internet.

Está además el mal social que es probablemente el más extremo: el aborto. El aborto es la principal causa de muerte de seres humanos en la actualidad. Según la Organización Mundial de la Salud, se estima que entre 40 y 50 millones de bebés son abortados en el mundo cada año. Eso asciende a 100.000 bebés por día. La cifra supera de lejos al número de personas que mueren por enfermedad cardíaca, infecciones respiratorias, derrames cerebrales y SIDA combinados. Nunca antes el mundo ha visto un asesinato de tal magnitud. Y como si esto no fuera lo suficientemente malo, cada una de estas tendencias de maldad (drogas, esclavitud, pornografía y aborto) se ha convertido en una gigantesca industria multimillonaria e incluso multibillonaria.

Sin embargo, este rechazo de las leyes de Dios no solo se evidencia en las atrocidades globales y generalizadas. La impiedad que precede al regreso de Jesús se expresa en las actitudes cotidianas. Pablo lo expresó en estos términos:

> También debes saber esto: que en los postreros días vendrán tiempos peligrosos. Porque habrá hombres amadores de sí mismos, avaros, vanagloriosos, soberbios, blasfemos, desobedientes a los padres, ingratos, impíos, sin afecto natural, implacables, calumniadores, intemperantes, crueles, aborrecedores de lo bueno, traidores, impetuosos, infatuados, amadores de los deleites más que de Dios, que tendrán apariencia de piedad, pero negarán la eficacia de ella; a éstos evita (2 Timoteo 3:1-5).

¿Notaste lo que dice la última frase? Al parecer, «tendrán apariencia de piedad» indica que esta impiedad va a contaminar incluso a la comunidad cristiana.

Es importante aclarar que las palabras de Jesús no sugieren que todo lo que sucede en el mundo hoy sea negativo e ilícito. Por la gracia de Dios todavía suceden cosas buenas. Los cristianos tampoco deben responder a la enseñanza de Jesús renunciando a todo en una actitud de derrota, encerrándose en un búnker apocalíptico y dejando de trabajar por hacer un mundo mejor. Jesús no nos llama a entretenernos mientras el mundo arde en llamas. Antes bien, los cristianos deben orar y luchar por una sociedad mejor. Debemos ser activos en esferas como la política y la medicina, el trabajo social y la educación. Debemos perseverar en el anhelo de ver a Dios glorificado aun en medio de la depravación, y debemos seguir amando a nuestro prójimo y procurar su bien aun cuando rechaza a Dios.

Pero no nos equivoquemos. Tendremos que luchar hasta el final contra la impiedad y el pecado que están presentes en cada cultura. Jesús lo dijo.

El crecimiento del evangelio

Sí, las cosas están mal en el mundo. Los dolores de parto que preceden al nacimiento son penosos e inquietantes. Pero incluso durante el parto sucede algo maravilloso. ¡El bebé está en camino! Y durante el parto del mundo antes del regreso de Jesús, hay otro hecho maravilloso que tiene lugar: el evangelio está llegando a todas las naciones. Al final de la lista de dolores de parto, Jesús dice: «Y será predicado este evangelio del reino en todo el mundo, para testimonio a todas las naciones; y entonces vendrá el fin» (v. 14).

¿Por qué debe predicarse el evangelio a todas las naciones? Al menos por dos razones: 1) el evangelio advierte a todas las naciones y reinos que Jesús es el verdadero Rey y que Él va a regresar como Juez del mundo; y 2) el evangelio reúne a los ciudadanos del reino de

Jesús como un pueblo de todas las naciones que se arrepiente de sus pecados y que confía en Jesús como su Salvador. Cuando todos los pueblos sean advertidos y todos los ciudadanos sean reunidos, el rey volverá.

Piensa cómo ese mensaje del evangelio en realidad se ha extendido por el mundo. Jesús empezó predicando a los judíos, y un pequeño grupo de discípulos creyó. Esos discípulos recorrieron el Imperio romano proclamando el evangelio, fueron a occidente hacia Europa y hacia el oriente lograron llegar a la India. A pesar de la persecución y hostilidad, los seguidores de Jesús se multiplicaron en la región del Mediterráneo. Con el tiempo, el evangelio se extendió por toda Europa, pero al parecer se estancó durante varios siglos en gran parte del territorio.

Luego, a finales del siglo XVIII, el evangelio resurgió gracias al trabajo de personas como William Carey, el padre de las misiones modernas. Misioneros de Norteamérica y Europa llevaron las buenas nuevas de Jesús a pueblos que nunca habían oído su nombre. Como resultado de esta labor misionera, el centro de gravedad del cristianismo hoy se ha trasladado de Norteamérica y Europa a Suramérica, África y Asia. Y ahora esos creyentes están enviando misioneros.

Con todo, queda mucho por hacer. Es evidente que este no es el momento de replegarse en un campamento cristiano, asegurar las puertas, aprovisionarse de comida y esperar el fin cabizbajos. Este es el momento de salir al mundo con amor, valor y gozo para contar a nuestros amigos y vecinos las buenas noticias acerca de Jesús. Este es el momento de arriesgar nuestras vidas y fortunas para alcanzar a los pueblos que nunca han oído acerca de la salvación por medio de la cruz y la tumba vacía. Los dolores de parto como las guerras o la persecución deberían servirnos de advertencia para que evitemos aferrarnos demasiado a este mundo, y para darnos la libertad de vivir con osadía para Jesús y apresurar su venida.

¿No lo ves? ¡Ya está sucediendo! Todo lo que Jesús dijo se está cumpliendo, tanto las tribulaciones como el reino, tanto el aumento de la maldad como el progreso del evangelio. Y podemos vivir confiados que este evangelio será predicado a todas las naciones. Y entonces vendrá el fin.

Pero, ¿cómo sabremos exactamente cuándo vendrá el fin? ¿Cómo sabremos cuándo terminan los dolores de parto y se aproxima el momento del nacimiento? Abordaremos esa pregunta en el siguiente capítulo.

¿Estamos ya en los últimos tiempos?

Una mujer que es miembro de la iglesia me preguntó una vez: «¿Cree que estamos viviendo los últimos tiempos?». Mi respuesta la sorprendió. Yo dije: «Sí, definitivamente estamos en los últimos tiempos. De hecho, hemos estado en los últimos tiempos hace casi dos mil años».

Al parecer, cuando los cristianos usan hoy la frase «últimos tiempos» con frecuencia piensan en un período futuro relativamente breve que antecede el regreso de Jesús. Sin embargo, cuando leemos el Nuevo Testamento, descubrimos que los primeros cristianos consideraban los últimos tiempos como algo que se inició con la venida de Jesús. Usaron varios términos para referirse a los últimos tiempos, como «los últimos días», «la culminación de la era» y «la hora final». Sin importar qué expresión se use, es claro que consideraban los últimos tiempos como algo que ya había empezado.

Hay muchos ejemplos en el Nuevo Testamento de esta concepción de los últimos tiempos. Veamos algunos versículos. Observa que en cada ejemplo el autor comprendió los últimos tiempos como una realidad presente en sus días. El fin ya había comenzado.

- **El apóstol Pablo:** «Y estas cosas les acontecieron como ejemplo, y están escritas para amonestarnos a nosotros, a quienes han alcanzado **los fines de los siglos**» (1 Corintios 10:11).
- **El autor de Hebreos:** «Dios, habiendo hablado muchas veces y de muchas maneras en otro tiempo a los padres por los profetas, **en estos postreros días** nos ha hablado por el Hijo» (Hebreos 1:1-2).
- **El apóstol Juan:** «Hijitos, ya es **el último tiempo**; y según vosotros oísteis que el anticristo viene, así ahora han surgido muchos anticristos; por esto conocemos que es el último tiempo» (1 Juan 2:18).

- **Judas, hermano de Jesús:** «En **el postrer tiempo** habrá burladores, que andarán según sus malvados deseos. Estos son los que causan divisiones; los sensuales, que no tienen al Espíritu» (Judas 18-19).

Cuando los escritores del Nuevo Testamento leían sus Escrituras del Antiguo Testamento y las profecías acerca de los últimos tiempos, entendían que esas profecías habían empezado a cumplirse en Jesús y en su Iglesia.

¿Significa esto que no existan sucesos que falten por cumplirse? ¿Existe o no un aspecto futuro de los últimos tiempos? La metáfora que Jesús nos dio del parto y el nacimiento nos sirve una vez más para comprender esto. Así como el parto es un proceso que ocurre en un lapso de tiempo con una intensidad creciente, estos últimos días se suceden en un período prolongado y se intensifican gradualmente en magnitud. O dicho de otra manera, los últimos tiempos ya han empezado pero no han terminado todavía. Por eso vimos en este capítulo las diversas maneras como ya han empezado a cumplirse las palabras de Jesús en Mateo 24. Y aún así, todavía podemos esperar cumplimientos mayores y posteriores. Por eso Juan podía decir que el anticristo habrá de venir aún, pero muchos anticristos han venido ya (véase la sección titulada: «¿Quién es el anticristo?»).

De modo que, cuando mi amiga preguntó: «¿Estamos en los últimos tiempos?», tal vez una pregunta más exacta hubiera sido: «¿Estamos ya en el fin de los últimos tiempos?». Desafortunadamente, esa es una pregunta que este pastor no puede responder.

Capítulo 3

¿Cómo volverá Jesús?

A lo largo de nuestra vida imaginamos ciertos «días memorables» que esperamos ver convertidos en realidad. A veces las chicas se visten de novias y practican su recorrido hacia el altar de la iglesia, soñando con su día de bodas. Los chicos patean balones de fútbol en el parque y se imaginan que marcan un gol que define la victoria de la Copa Mundo.

Los adultos también imaginamos momentos cruciales como cuando obtenemos por fin el diploma, abrimos el negocio, compramos el auto o trabajamos por última vez antes de pasar a la jubilación. Los presos imaginan que salen por fin de la prisión y los pacientes de cáncer se atreven a soñar con la cita en la que su oncólogo dice: «el tratamiento funcionó. ¡Ahora es un paciente en remisión!»

Sin embargo, ¿has tratado de imaginar cómo será el día más grande de la historia, el día en el cual Jesús regresa y el mundo termina?

Tal vez sea demasiado intentar visualizar ese día. Pensar en el regreso de Jesús es como tratar de meter en la cabeza el concepto de la eternidad o la doctrina de la Trinidad. La idea de su regreso puede sobrecargar los circuitos de nuestra imaginación y apabullar nuestros corazones. Pedro dijo: «a quien amáis sin haberle visto» (1 Pedro 1:8). ¿Cuánto más lo amaremos cuando por fin lo veamos cara a cara? ¿Será posible que tal vez no debamos contemplar el regreso de Jesús porque simplemente sea demasiado grande y demasiado maravilloso?

Sin embargo, Jesús mismo nos invita a que imaginemos ese día. En la Biblia nos ofrece vistazos del momento en el que Él aparece y el mundo llega a su fin. Veamos uno de estos adelantos de su Segunda Venida:

> E inmediatamente después de la tribulación de aquellos días, el sol se oscurecerá, y la luna no dará su resplandor, y las estrellas caerán del cielo, y las potencias de los cielos serán conmovidas. Entonces aparecerá la señal del Hijo del Hombre en el cielo; y entonces lamentarán todas las tribus de la tierra, y verán al Hijo del Hombre viniendo sobre las nubes del cielo, con poder y gran gloria. Y enviará sus ángeles con gran voz de trompeta, y juntarán a sus escogidos, de los cuatro vientos, desde un extremo del cielo hasta el otro (Mateo 24:29-31).

¿Cómo será todo cuando Jesús regrese? No lo sabremos con exactitud hasta que llegue el día. Sin embargo, con base en este vistazo del fin, y de otros pasajes similares en la Biblia, hay varios aspectos que podemos definir respecto al día final. Sabemos que Jesús regresará de manera pública, gloriosa, victoriosa y salvadora.

Una venida pública

Cuando Jesús vuelva, todo el mundo lo sabrá.

No será como su primera aparición cuando se introdujo discretamente en el mundo como el bebé en el pesebre de Belén. Ninguno de los gobernantes del mundo se dio cuenta de que el Rey de reyes había llegado aquella mañana de la primera Navidad. Las únicas personas que supieron que el Salvador había nacido fueron algunos pastores, unos sabios y, por supuesto, la pareja de campesinos recién casados, José y María. Ese fue un comité de bienvenida que dista mucho de ser apropiado para el Mesías.

En cambio, en el fin del mundo, en la segunda parte de Navidad, Jesús volverá de manera pública y visible. Su llegada será una experiencia de magnitud global. Nadie se despertará el día posterior al regreso de Jesús preguntándose de qué hablan los demás. «¿Qué? ¿Jesús volvió? Supongo que mientras navegaba en la Internet me lo perdí. ¿Alguien grabó algún vídeo del suceso?».

Observa cómo nuestro versículo describe una Segunda Venida que es pública, visible e incontrovertible.

- El sol y la luna se oscurecerán y las estrellas «caerán».
- La señal del «Hijo del Hombre» (el nombre que Jesús toma para sí, tomado de Daniel 7) aparecerá en el cielo.
- Todas las personas verán a Jesús venir en las nubes del cielo y llorarán.
- La trompeta sonará y los ángeles saldrán a juntar al pueblo de Dios.

De hecho, justo antes de nuestro pasaje anterior, Jesús advirtió enfáticamente a sus discípulos que se cuidaran de creer falsos reportes de su regreso, precisamente porque su regreso será tan evidente a escala mundial.

> Así que, si os dijeren: Mirad, está en el desierto, no salgáis; o mirad, está en los aposentos, no lo creáis. Porque como el relámpago que sale del oriente y se muestra hasta el occidente, así será también la venida del Hijo del Hombre (Mateo 24:26-27).

El regreso de Jesús alcanzará al público más numeroso que haya tenido cualquier acontecimiento en la historia de la humanidad. Será visible como un relámpago que atraviesa el cielo de un extremo al otro. Aun cuando alguien lo intente, será imposible perdérselo.

¿Habrá un rapto secreto?

Muchos cristianos en la actualidad creen que la segunda venida de Jesús va a ocurrir por etapas. Según este punto de vista, Jesús vendrá primero de manera inesperada e invisible con el propósito de juntar a los creyentes y sacarlos del mundo, y luego volverá en la forma visible e impresionante que describe Mateo 24. Esta primera venida a veces se la llama «el rapto secreto». Es secreto porque, cuando ocurre, el mundo no ve a Jesús y no recibirá ninguna advertencia de su venida. Y es un «rapto», lo cual significa que los cristianos serán «sacados» de este mundo para estar con Jesús. Sin embargo, deberíamos recordar que la palabra «rapto» no aparece en la Biblia.

En el rapto secreto, todos los cristianos desaparecerán misteriosamente del mundo, y los que son dejados sufrirán los terribles juicios y tribulaciones que describe el libro de Apocalipsis. Con frecuencia, esta perspectiva considera el periodo entre el rapto secreto y el regreso visible de Jesús como «la tribulación».

A finales del siglo XIX, un maestro bíblico llamado John Nelson Darby popularizó la teoría del «rapto secreto», la cual se extendió ampliamente por medio de la Biblia de referencia de Scofield. Pertenece a una escuela teológica más amplia conocida como «dispensacionalismo». Muchos cristianos se han familiarizado con esta perspectiva hoy por medio de libros como *Dejados atrás*.

¿Habrá un rapto secreto antes del regreso público de Jesús? Tal vez debamos empezar por afirmar lo que la Biblia enseña claramente acerca de un rapto. Esto fue lo que dijo Pablo:

> **Porque el Señor mismo con voz de mando, con voz de arcángel, y con trompeta de Dios, descenderá del cielo; y los muertos en Cristo resucitarán primero. Luego nosotros los que vivimos, los que hayamos quedado, seremos arrebatados juntamente con ellos en las nubes para recibir al Señor en el aire, y así estaremos siempre con el Señor (1 Tesalonicenses 4:16-17).**

Jesús juntará a su pueblo «raptándolo» al cielo con Él. ¡Todos los cristianos que creen en la Biblia deben coincidir en esta verdad y celebrarla!

No obstante, la pregunta persiste: ¿Tendrá lugar ese rapto antes de la Segunda Venida visible de Jesús? Lo que complica este argumento de «dejados atrás» es que no existe un pasaje bíblico que enseñe claramente sobre un rapto secreto como un suceso distinto de la Segunda Venida. Los versículos bíblicos que en teoría enseñan sobre el rapto secreto podrían leerse también como una descripción del regreso público de Jesús. Por ejemplo, el texto que acabamos de leer en 1 Tesalonicenses 4:16-17 describe al parecer un regreso público de Jesús similar en muchos aspectos al que hemos leído en Mateo 24. En ambos pasajes encontramos el regreso de Jesús, el toque de las trompetas, la presencia de ángeles y la reunión de los creyentes. Si bien es posible en teoría que 1 Tesalonicenses 4 y Mateo 24 describan sucesos separados, ¿no es más natural leerlos como dos descripciones del mismo regreso visible y global de Jesús, con un lenguaje un poco diferente? Si nunca has oído acerca de la teoría del «rapto secreto», ¿la simple lectura de 1 Tesalonicenses 4:16-17 te llevaría a pensar que se trata de un suceso diferente del regreso visible de Jesús?

Sin importar cuál sea tu visión del rapto, debemos mantener este asunto en perspectiva. El rapto no debería ser un tema que divida a los creyentes o a las iglesias. La teoría del rapto que cada persona sostenga no constituye una doctrina esencial como la Trinidad o la resurrección de Jesús.

Si eres un cristiano que todavía no está convencido de la enseñanza del «rapto secreto», ¿te molestaría estar equivocado y ser raptado secretamente? «Lo siento, Jesús, pero no quiero que me lleves antes de tu Segunda Venida hasta que quede demostrada bíblicamente la teoría del "rapto secreto"». Por otro lado, si crees en el rapto secreto, ¿dejarás de seguir fielmente a Jesús si el rapto secreto no ocurre?

Una venida gloriosa

El regreso de Jesús no solo será global, sino que también será glorioso. Resplandecerá, quemará y sacudirá el universo hasta sus cimientos. Su aparición producirá asombro y lamento, admiración y espanto, gozo y retorcimiento. Todo el mundo lo verá y todo el mundo quedará impresionado, de una forma u otra. Jesús dijo: «Entonces aparecerá la señal del Hijo del Hombre en el cielo; y entonces lamentarán todas las tribus de la tierra, y verán al Hijo del Hombre viniendo sobre las nubes del cielo, con poder y gran gloria» (Mateo 24:30). En su majestuosa aparición será visible «la señal del Hijo del Hombre» en el cielo. Cuando el Rey haga su entrada a escala mundial, las trompetas sonarán y su bandera ondeará gloriosa.

Una vez más, compara su Segunda Venida con la primera. Es como si Jesús hubiera procurado al máximo esconder esa gloria la primera vez que vino. Él nació en una zona remota del Imperio romano y creció como hijo de un carpintero en un pueblo insignificante.

Durante su ministerio público, a muchos les resultó difícil creer que era el glorioso «Hijo del Hombre». Viajó como un rabino itinerante, no como un rey conquistador. Cuando realizó milagros, con frecuencia le pedía a la gente que lo mantuviera en secreto. Cuando dejó resplandecer su gloria por un instante en la transfiguración (mira Mateo 17:1-9), mandó a sus discípulos no contar a nadie el suceso hasta después de su resurrección. Su vida alcanzó su crescendo en un momento de vergüenza y degradación extremas: su crucifixión. Valga aclarar que la gloria del poder, la misericordia y la bondad de Dios resplandecieron en la vida y la muerte de Jesús, pero hacía falta visión de rayos x para verlo.

No hará falta tener súper poderes espirituales para ver su majestuosa gloria cuando venga por segunda vez. La autoridad real de Jesús, su poder divino y su santidad resplandeciente trastornarán la creación entera y llevarán a todas las personas a perder su compostura.

Una venida victoriosa

Hay todavía más. El regreso de Jesús será más que glorioso; será absolutamente triunfante. Jesús vendrá como Rey conquistador para derrocar a sus enemigos. Por eso cuando Él regrese «lamentarán todas las tribus de la tierra» (Mateo 24:30). En aquel día, la oportunidad para escuchar y recibir el evangelio terminará y la humanidad se verá obligada a enfrentar al Señor que han rechazado una y otra vez.

La derrota y el derrocamiento de un mundo incrédulo también está marcado por un colapso cósmico: El sol y la luna dejarán de brillar, los cuerpos celestes serán sacudidos. En el capítulo 1 vimos que la Biblia usa con frecuencia esta imagen de «deshacer» su creación para describir cómo será el día del Señor, cuando Dios traiga juicio contra sus enemigos.

Apocalipsis 19 nos ofrece quizá la descripción bíblica más fuerte e impresionante de la venida de Jesús en victoria y juicio sobre el mundo:

> Entonces vi el cielo abierto; y he aquí un caballo blanco, y el que lo montaba se llamaba Fiel y Verdadero, y con justicia juzga y pelea. Sus ojos eran como llama de fuego, y había en su cabeza muchas diademas; y tenía un nombre escrito que ninguno conocía sino él mismo. Estaba vestido de una ropa teñida en sangre; y su

> nombre es: EL VERBO DE DIOS. Y los ejércitos celestiales, vestidos de lino finísimo, blanco y limpio, le seguían en caballos blancos. De su boca sale una espada aguda, para herir con ella a las naciones, y él las regirá con vara de hierro; y él pisa el lagar del vino del furor y de la ira del Dios Todopoderoso. Y en su vestidura y en su muslo tiene escrito este nombre: REY DE REYES Y SEÑOR DE SEÑORES (Apocalipsis 19:11-16).

¿Qué sucede cuando Jesús regresa en el fin del mundo? Todas las fuerzas en el cielo y sobre la tierra que rechazaron a Jesús como Rey de reyes y Señor de señores serán confrontadas y humilladas. Toda la incredulidad y la indiferencia, la desobediencia y la maldad en el cosmos darán paso a la aflicción y el terror cuando Jesús aparezca como Juez conquistador. Imagina vivir tu vida entera desatendiendo la Palabra de Dios, infringiendo las leyes de Dios y rechazando a Jesús, el Hijo de Dios, como Salvador y Señor, y luego de repente te das cuenta de que todo lo que no quisiste creer y rechazaste es aterradoramente cierto. El Padre va a reivindicar a su Hijo, para consternación de un mundo incrédulo.

Una venida salvadora

No todos se lamentarán en aquel día cuando Jesús regrese de manera pública y gloriosa. Algunos tendrán motivos para regocijarse como nunca antes. El día que el mundo llegue a su fin, Jesús enviará a sus ángeles «y juntarán a sus escogidos, de los cuatro vientos, desde un extremo del cielo hasta el otro» (Mateo 24:31). Jesús regresará para salvar a su pueblo.

De hecho, Mateo presenta cinco ocasiones en las cuales Jesús habló acerca de su regreso y de cómo los ángeles serán enviados para reunir y salvar a su pueblo. Él describió esa reunión final:

- como **un agricultor** que junta trigo y cizaña, almacenando el trigo en el granero y quemando la cizaña (Mateo 13:24-30).
- como **un pescador** que junta peces en sus redes, poniendo lo bueno en cestas y echando fuera lo malo que carece de valor (Mateo 13:47-52).
- como **un pastor** que junta sus rebaños delante de Él, separando las ovejas de las cabras (Mateo 25:31-46).

Escucha lo que Jesús dirá a sus ovejas elegidas en aquel día: «Venid, benditos de mi Padre, heredad el reino preparado para vosotros desde la fundación del mundo» (Mateo 25:34). Al fin heredaremos el reino de Dios en toda su plenitud.

¿Puedes imaginarte ese momento?

Piensa nada más en esto. Has vivido toda tu vida cristiana en este mundo pecador y desbaratado. A todo lo largo de tu peregrinaje has caminado por la fe, no por vista. Has confiado en que Dios tiene un plan, pero muchas veces no sabías lo que podía ser ese plan. Sí, has conocido a Jesús. Pero aun tu amistad más cercana con Él ha sido fugaz, limitada e invisible. A veces te has preguntado si realmente Él estaba ahí. Y a veces te has preguntado si realmente eras cristiano, considerando que tu obediencia a Jesús y tu amor por Él iban y venían como olas del mar.

Por un lado, has sido salvado del pecado por medio de la muerte y la resurrección de Jesús, y ahora eres salvado del poder del pecado por medio del Espíritu Santo. Por otro lado, sigues descubriendo nuevos rincones de pecado en tu corazón, y la lucha por seguir a Jesús continúa. Aunque eres un hijo del Rey, has vivido tu vida entera como un extranjero y advenedizo en este mundo, a veces burlado y maltratado por causa de tu fe en Jesús.

Pero cuando Jesús vuelva, todo esto cambiará para siempre. Jesús vendrá para llevarte con Él. Por fin tu comunión fugaz con Cristo dará paso al contacto directo cuando lo veas cara a cara. Pasarás de ser un refugiado en el mundo a gobernar con Cristo. No serás más como Abraham y su familia, acampando como extranjeros en la tierra prometida. En lugar de eso, serás como los israelitas cuando siguieron victoriosos a Josué al otro lado del Jordán para tomar tu herencia. Cuando Jesús regrese, serás salvo para nunca más volver a pecar, afligirte y morir. Para quienes aman a Jesús, el fin del mundo traerá el cumplimiento de toda esperanza.

El día final será nuestro mejor día.

Capítulo 4

¿Volverá Jesús antes o después del «milenio»?

Es posible que el título de este capítulo haya provocado en ti alguna de las siguientes reacciones:

- Reacción # 1: «¡Por fin! Ya me preguntaba cuándo íbamos a hablar de lo interesante».
- Reacción # 2: «Ya empiezo a sentirme confundido».
- Reacción # 3: «¿Qué importa? Yo nada más me alegro de que Jesús vuelva».

Para todos los que tuvieron la primera reacción: sí, este capítulo incluye líneas del tiempo y discusiones acerca de temas como «el milenio» y «la tribulación». Sin embargo, ten presente que mi objetivo con este libro no es ofrecer un análisis detallado de varios modelos del fin de los tiempos. Antes bien, el libro busca guiar al enfoque primordial de la enseñanza del Nuevo Testamento acerca del fin del mundo, a saber, que Jesús va a regresar.

Si tuviste la segunda reacción, has llegado al capítulo correcto. La enseñanza del Nuevo Testamento acerca de temas como el fin del mundo, el milenio y el juicio final pueden parecer un rompecabezas. No resulta sorprendente que, a lo largo de los siglos, los cristianos hayan ideado diferentes formas de armar el rompecabezas. En este capítulo procuraremos dar una idea de las diferentes explicaciones que se ha intentado dar a la información bíblica, y entender las fortalezas y los puntos débiles de cada una.

Quienes tuvieron la tercera reacción pueden sentirse tentados a omitir este capítulo. Les ruego que lo lean. Aun si eres como yo y no crees que el milenio sea una doctrina esencial para nuestra salvación, examinar el tema es provechoso. Estudiar la relación entre el regreso de Jesús y el milenio nos permite de algún modo encajar las piezas del rompecabezas del fin de los tiempos. Esto nos ayuda a conectar los puntos de la enseñanza bíblica acerca del fin del mundo y a comprender por qué otros cristianos dan cierta lectura a algunos pasajes de la Biblia. Tener una idea de cómo encajan o de cómo podrían encajar como un todo nos capacita para comprender los detalles.

Pero vamos primero a lo primero. ¿Qué es este «milenio»?

El reino de mil años

Un milenio es un período de mil años. En teología cristiana, el milenio se refiere al período de mil años descrito en Apocalipsis 20:1-6.

> Vi a un ángel que descendía del cielo, con la llave del abismo, y una gran cadena en la mano. Y prendió al dragón, la serpiente antigua, que es el diablo y Satanás, y lo ató por mil años; y lo arrojó al abismo, y lo encerró, y puso su sello sobre él, para que no engañase más a las naciones, hasta que fuesen cumplidos mil años; y después de esto debe ser desatado por un poco de tiempo.
>
> Y vi tronos, y se sentaron sobre ellos los que recibieron facultad de juzgar; y vi las almas de los decapitados por causa del testimonio de Jesús y por la palabra de Dios, los que no habían adorado a la bestia ni a su imagen, y que no recibieron la marca en sus frentes ni en sus manos; y vivieron y reinaron con Cristo mil años. Pero los otros muertos no volvieron a vivir hasta que se cumplieron mil años. Esta es la primera resurrección. Bienaventurado y santo el que tiene parte en la primera resurrección; la segunda muerte no tiene potestad sobre éstos, sino que serán sacerdotes de Dios y de Cristo, y reinarán con él mil años (Apocalipsis 20:1-6).

Este es el único lugar en la Biblia en el que encontramos una referencia explicita a este período de mil años. Aun así, el pasaje es significativo. Un ángel ata a Satanás y Jesús se levanta y pone a sus mártires en tronos durante un milenio. Esto suena maravillosamente glorioso, ¿no te parece?

El pasaje también despierta todo tipo de inquietudes. ¿Son mil años en sentido literal? ¿Todos los cristianos resucitan durante el milenio o nada más los mártires, o solo mártires que murieron por decapitación? ¿Dónde queda ubicado exactamente el «abismo»? ¿Cuáles «naciones» existirán durante el milenio?

Pero comencemos por una pregunta más básica: *¿Cuándo tiene lugar este milenio?* ¿Es algo que ya ha sucedido, que está sucediendo o que va a suceder? O quizá para conectar el tiempo del milenio con el regreso de Jesús debamos formular la pregunta de la siguiente forma: *¿Regresará Jesús antes o después del milenio de Apocalipsis 20?*

Cuando preguntamos si Jesús regresa antes o después del milenio, hay dos opciones evidentes de respuesta.

Respuesta # 1: Jesús regresará antes del milenio

La primera respuesta se denomina «premilenialismo». Según esta perspectiva, Jesús regresa antes (de ahí el prefijo «pre») del milenio de Apocalipsis 20:1-6. Esta lectura de la Biblia considera que Apocalipsis 20 describe algo que no ha sucedido aún y que no sucederá hasta que Jesús regrese. Podría decirse que conforme a la lectura premilenialista, el fin del mundo empieza cuando Jesús regresa, pero el fin del mundo viene mil años después de la segunda venida de Cristo.

Entre los argumentos más importantes que sustentan la posición premilenialista, están los siguientes:

- El milenio en Apocalipsis 20 viene después de una visión del regreso de Jesús en el capítulo 19.
- Satanás está atado durante el milenio, a diferencia del presente cuando parece muy activo.
- Los muertos resucitan para reinar con Jesús durante el milenio, algo que al parecer no ha sucedido aún.
- Según parece, el milenio en Apocalipsis 20 podría ser el cumplimiento de muchas profecías del Antiguo Testamento acerca de una «era dorada» del reinado de Dios sobre la tierra.

Tal vez el aspecto más convincente del premilenialismo es que intenta considerar Apocalipsis 20 en sentido literal. Jesús regresa (Apocalipsis 19) y luego suceden cosas que al parecer no han sucedido aún, como Satanás que es atado y la resurrección y el gobierno de los cristianos que han muerto (capítulo 20). Por tanto, no resulta sorprendente que muchos cristianos lean la Biblia con un enfoque premilenialista.

Sin embargo, debemos saber algo más. Los premilenialistas también pertenecen, por lo general, a dos categorías. Existen dos especies de este animal que denominamos «premilenialismo».

Premilenialismo clásico

La primera especie o escuela de premilenialismo se denomina usualmente «premilenialismo clásico». Es bastante sencillo. El premilenialismo clásico enseña que el siglo presente continúa con sus pruebas y tribulaciones, al igual que el progreso del evangelio. Satanás estará atado, y los creyentes (ya sean todos o algunos) serán resucitados y reinarán sobre la tierra con Jesús durante mil años en una gran era dorada. Al final del milenio, Satanás será desatado y se rebelará, Jesús lo vencerá y entonces vendrán la resurrección final, el juicio final y la nueva creación (véase el siguiente capítulo para indagar más acerca de estos acontecimientos).

Tal vez resulte de utilidad visualizar esta posición premilenialista:

PREMILENIALISMO CLÁSICO

Puede que los partidarios del premilenialismo clásico difieran en algunos detalles, como los sucesos que conducen al regreso de Jesús o si el milenio es un período literal de mil años o simboliza un período prolongado de tiempo. Aun así, todos coinciden en que el milenio va a ocurrir después del regreso de Jesús. El premilenialismo clásico, o al menos cierta versión de este, fue el primer modelo de los últimos días que apareció en los escritos de la historia de la iglesia.

Premilenialismo dispensacional

Hay un segundo tipo de premilenialismo que suele llamarse «dispensacionalismo». Mientras que el premilenialismo clásico es el sistema más antiguo que se conoce, el dispensacionalismo es el más reciente. El dispensacionalismo moderno se planteó por primera vez a finales del siglo XIX y se extendió rápidamente por toda Norteamérica y en muchos otros lugares del mundo durante el siglo XX. Se popularizó gracias a la *Biblia de estudio Scofield* y a libros como *La agonía del gran planeta Tierra* y la serie *Dejados atrás*. Desde entonces, esta visión se ha vuelto quizá la forma predominante y predeterminada de organizar las enseñanzas bíblicas del fin del mundo. Cuando muchos cristianos piensan en el fin del mundo, lo hacen en categorías dispensacionales sin siquiera darse cuenta.

A fin de comprender el dispensacionalismo debemos reconocer primero que su principal preocupación es leer la Biblia de manera literal y como documento histórico. Esta creencia busca interpretar la Biblia de manera sencilla y literal, y se opone a los intentos de «espiritualizar» las historias y las profecías bíblicas. Como resultado, la tendencia de los dispensacionalistas es esperar que las promesas y profecías del Antiguo Testamento sobre Israel se cumplan de manera literal e histórica. A lo largo de la historia, los dispensacionalistas han hablado acerca de los planes de Dios para salvar a dos grupos separados: Israel y la iglesia. Esta creencia intenta trazar la obra particular de Dios en diferentes eras (o «dispensaciones») para salvar a estos dos grupos específicos de personas.

Muchos intérpretes de otras escuelas de pensamiento creen que Dios todavía tiene planes para salvar a Israel, en el sentido de que Dios traerá muchos judíos a creer en Jesús y a unirse a la iglesia. Sin embargo, el dispensacionalismo histórico espera algo más: un restablecimiento literal de Israel como una nación gobernada directamente por Dios en la tierra prometida, gozando de las bendiciones prometidas en las profecías del Antiguo Testamento.

La siguiente es la secuencia de sucesos en una interpretación dispensacionalista, o al menos según el dispensacionalismo en su forma más conocida:

- Dios hizo promesas y dio profecías a Israel en el Antiguo Testamento. Él los bendecirá, les dará autoridad sobre las naciones, los establecerá en la tierra prometida, etc.
- Israel desobedeció repetidamente la ley de Dios. Ellos rechazaron a Jesús, el Mesías de Dios (el Rey ungido) para Israel.

- Dios se apartó de Israel por un tiempo y emprendió su plan de salvar a los gentiles. En esta nueva dispensación, denominada en ocasiones «la era de la iglesia», Dios ha suspendido temporalmente sus planes para Israel mientras salva a los gentiles por medio del evangelio.
- Al final de la dispensación de la iglesia, Dios retomará sus planes de salvar a Israel. Para hacerlo, debe primero retirar a la iglesia. Este retiro es el «rapto secreto» de la iglesia (véase el capítulo 3). Lo interesante es que muchos dispensacionalistas creen que el rapto sucederá pronto, porque Israel volvió a convertirse en nación en 1948, lo cual indica que Dios se ha dispuesto a reanudar su plan para Israel.
- Después del rapto, Dios desencadenará las terribles profecías de juicio y aflicción descritas en Apocalipsis, las cuales tendrán lugar en un lapso de siete años que suele llamarse «la gran tribulación». A propósito, es por eso también que el dispensacionalismo se denomina a veces «premilenialismo pretribulacionista». Según esto, Jesús raptará a la iglesia antes («pre») de la tribulación.
- Dios también llevará a los judíos a creer en Jesús durante la tribulación.

- Al final de la tribulación, Jesús regresará a juzgar al mundo y a empezar con Israel su reino sobre la tierra durante un milenio. Durante este período de mil años van a cumplirse muchas de las grandes promesas y profecías hechas a Israel.

En este caso también puede resultar de utilidad trazar una línea de tiempo:

PREMILENIALISMO DISPENSACIONAL

El dispensacionalismo es sin duda el modelo más complejo y completo para organizar las enseñanzas bíblicas relativas al fin del mundo. Esta breve descripción apenas explora la superficie del modelo dispensacionalista. Aún no hemos tratado las diferentes maneras como el pensamiento dispensacionalista ha cambiado en los últimos años.

No obstante, podemos decir lo siguiente: si escuchas que en una conversación sobre el fin del mundo se mencionan sucesos en Medio Oriente relacionados con la nación de Israel en nuestros días, la venida de un gobierno mundial, el rapto secreto, la tribulación o la expectativa de que vivimos la última generación, es muy probable que estas personas lean la Biblia a través de una lente dispensacionalista, ya sea que lo sepan o no.

Respuesta # 2: Jesús regresará después del milenio

Hay una segunda manera de responder a la pregunta: *¿Regresará Jesús antes o después del milenio?* Mientras que algunos leen Apocalipsis 20 y ven una descripción obvia de un suceso futuro, otros consideran que es algo que está sucediendo en la actualidad, o algo que sucederá antes de que Jesús regrese. Esta posición suele llamarse «posmilenialismo», porque enseña que Jesús volverá después (o «post») del milenio de Apocalipsis 20.

Estos son algunos argumentos que llevan a muchos a inclinarse por una lectura posmilenialista:

- Los posmilenialistas subrayan el carácter altamente simbólico de Apocalipsis y de los escritos apocalípticos en general, y por ende no dan por sentado que Apocalipsis 20 se refiera a un período literal de mil años, un abismo literal y una cadena para Satanás, ni siquiera que «la primera resurrección» de Apocalipsis 20 sea una resurrección física literal, como tampoco «la segunda muerte» (Apocalipsis 20:6) es una muerte física literal en el sentido como acostumbramos referirnos a la muerte.

- La liberación de Satanás y su derrota final después del «milenio» (véase Apocalipsis 20:7-8) tiene similitudes notables con la descripción del regreso victorioso de Jesús en Apocalipsis 12, lo cual indica que Apocalipsis 19 y 20 podrían describir el mismo suceso con diferentes imágenes, en lugar de dos acontecimientos sucesivos.
- El hecho de que Satanás sea atado no supone necesariamente la desaparición total de su obra en el mundo, sino que el pasaje señala específicamente que será incapaz de «[engañar] más a las naciones» (20:3).

Si uno de los aspectos más convincentes del premilenialismo es su aparente lectura literal de Apocalipsis 20, podríamos argüir que el argumento que más convence del posmilenialismo es que parece encajar mejor a la luz de una lectura sencilla del Nuevo Testamento. Cuando leemos las otras enseñanzas del Nuevo Testamento acerca del fin del mundo, y especialmente en las mismas palabras de Jesús, parece más bien simple: Jesús regresará como Juez y los muertos resucitarán ya sea para vida eterna o para juicio eterno. En ningún otro lugar el Nuevo Testamento describe un período de mil años posterior al regreso de Jesús.

Así pues, desde una perspectiva posmilenialista, ¿qué es el milenio? La respuesta varía según a cuál posmilenialista se le haga la pregunta. Al igual que el premilenialismo, el posmilenialismo viene en dos especies.

Amilenialismo

El primer tipo de posmilenialismo suele llamarse «amilenialismo». Su defensor antiguo más famoso fue Agustín de Hipona (354-430 d.C.). El término «amilenial» es en cierto modo confuso, porque significa literalmente «no milenio». Sin embargo, los amilenialistas sí creen en los mil años de Apocalipsis 20. Es solo que creen que el número mil es un número simbólico, al igual que la mayoría de números en Apocalipsis, y que simplemente representa un período prolongado de tiempo. Además, creen que Apocalipsis 20 describe la era actual de la iglesia, desde una perspectiva específica y con un énfasis particular.

La línea del tiempo desde una perspectiva amilenialista es muy sencilla:

AMILENIALISMO

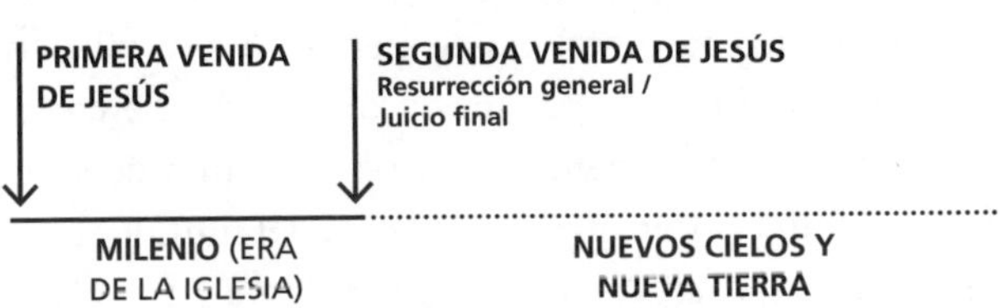

¿Cómo describe Apocalipsis la actual era de la iglesia? El amilenialismo lee Apocalipsis 20 como una descripción simbólica de la victoria espiritual presente de la cual son partícipes los creyentes juntamente con Cristo.

Las iglesias destinatarias del libro de Apocalipsis enfrentaban persecución desde el exterior y engañadores en su interior. Incluso Juan, que escribió Apocalipsis, lo hizo desde una isla a la que fue exiliado por causa de su fe. Al igual que nosotros hoy, esos cristianos pudieron haber considerado sus circunstancias y dudado que Jesús realmente reinaba como Rey de reyes y Señor de señores.

No obstante, según la perspectiva amilenialista, Apocalipsis 20 levanta la cortina para mostrarnos el reino espiritual. Allí podemos ver que Satanás ya ha sido vencido y que, como resultado, el evangelio se extiende a las naciones, mientras que antes del nacimiento de Jesús las naciones habían sido engañadas por Satanás y por ende vivían en oscuridad espiritual. Además, los creyentes han empezado desde ya a participar en la resurrección y el gobierno de Jesús. La «primera resurrección» (Apocalipsis 20:5) puede referirse a que los creyentes experimentan nueva vida en su conversión o, como es más probable, a su muerte. Los cristianos que pierden su vida por causa de su fe pueden parecer derrotados a los ojos del mundo, pero en realidad gozan de una vida con Jesús en el cielo. Apocalipsis 20 exclama a una iglesia que sufre: «Los mártires de hoy son vencedores, no perdedores. ¡No se rindan! ¡Permanezcan firmes para Cristo aun si eso les cuesta la vida!»

Posmilenialismo clásico

Una segunda versión de posmilenialismo se conoce comúnmente como simple posmilenialismo. Para fines de claridad, llamaré a esta especie «posmilenialismo clásico».

El posmilenialismo clásico ve los mil años de Apocalipsis 20 como una era dorada de bendición sobre la tierra que será el resultado de la expansión del evangelio y de su influencia en el mundo antes del regreso de Jesús. Puesto que el evangelio alcanza el mundo entero, las personas serán salvas y las culturas serán influidas al punto que el reino de Dios será palpable aquí en la tierra antes del fin. Los posmilenialistas acostumbran citar como evidencia las parábolas de Jesús acerca de la extensión global del evangelio.

O dicho en otros términos, el posmilenialismo clásico coincide con el amilenialismo en que Apocalipsis 20 es una descripción simbólica de algo que sucede antes del regreso de Cristo. Sin embargo, discrepa con el amilenialismo en que considera el milenio como un suceso futuro y no como algo que describe completamente la era de la iglesia.

Este es el diagrama que podríamos esbozar de esta perspectiva:

POSMILENIALISMO CLÁSICO

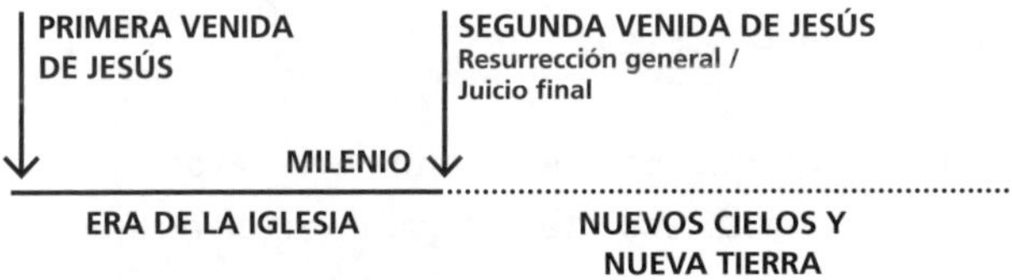

Podríamos decir que entre las diversas perspectivas de los últimos tiempos, el posmilenialismo clásico es la optimista. Prevé el avance del evangelio y la transformación de la sociedad. El posmilenialismo clásico predominó en los Estados Unidos y en Gran Bretaña durante los siglos XVIII y XIX. Esta visión se consolidó gracias a los notables avances en tecnología, medicina y ciencia, al igual que al creciente movimiento misionero. No es de extrañar que en esa época los cristianos impulsaran movimientos de reforma social como la abolición de la esclavitud. Estos cristianos no estaban simplemente tratando de mejorar la sociedad. Esperaban dar paso al milenio por medio de sus esfuerzos.

El posmilenialismo clásico no tiene en la actualidad muchos partidarios que le den voz. El siglo XX experimentó dos guerras mundiales, horrendos genocidios, terrorismo global y otros sucesos que han despedazado las esperanzas de muchos en el logro próximo de una paz mundial.

¿Está todo tan claro como el lodo? ¿Ya lograste comprender todo? ¿Has decidido si eres premilenialista o posmilenialista? ¿Ya organizaste las fichas del rompecabezas?

Quizá sea demasiado esperar que este capítulo aclare todas las preguntas. Aun así, espero al menos haber logrado tres cosas:

1. Confío que este capítulo te haya elevado por encima de los árboles para ver el bosque.

Ahora tienes categorías que puedes usar para comprender mejor los pasajes o las conversaciones acerca del fin del mundo. Tienes «cajas» para clasificar el repertorio de argumentos y afirmaciones que las personas hacen con respecto al final.

2. Oro porque esta sección haya nutrido tu humildad y paciencia hacia otros que sostienen puntos de vista diferentes. Creo firmemente que las perspectivas sobre el milenio no deberían dividir a los cristianos, y que comprender mejor las de los demás nos ayudará a guardarnos de una actitud despectiva que cause divisiones.

3. Espero que este capítulo haya aumentado tu apetito por aprender más acerca de la Palabra de Dios. En lugar de evitar las partes de la Biblia que hablan acerca del fin del mundo, ahora cuentas con algunas herramientas para escudriñar más a fondo.

Conforme tu mente procesa los detalles para comprender mejor todo, ¡espero que tu corazón se llene de emoción porque nuestro Señor vuelve!

¿Cómo deberíamos interpretar el libro de Apocalipsis?

Los cristianos que aman la Biblia luchan por saber cómo armar el rompecabezas del fin del mundo. Para empeorar las cosas, una de las fichas principales de ese rompecabezas es el libro de Apocalipsis, ¡que es de por sí un rompecabezas!

Apocalipsis nos fascina y nos confunde a la vez. Despierta toda clase de preguntas. ¿Debemos interpretar las extrañas visiones de Apocalipsis más de forma simbólica o literal? ¿Describe Apocalipsis acontecimientos pasados, presentes o futuros? ¿Siguen las visiones de Apocalipsis un orden cronológico o son en ocasiones cíclicas y repetitivas?

Estas preguntas están por fuera del alcance de este libro. Sin embargo, podemos por lo menos esbozar los cuatro criterios principales que utilizan las personas para hacer su lectura de Apocalipsis.

Preterismo

El preterismo considera Apocalipsis principalmente como una descripción simbólica de acontecimientos del primer siglo. Por ejemplo, la gran bestia que sale del mar (capítulo 13) se interpreta por lo general como Roma y uno de sus emperadores anticristianos como Nerón (37–68 d.C.) o Domiciano (51–96 d.C.). Los grandes juicios y tribulaciones en Apocalipsis describen la ira de Dios que se derramó ya sea en Jerusalén en el año 70 o posiblemente contra el Imperio romano. Los preteristas toman como referencia Mateo 24 (véanse también Marcos 13 y Lucas

21), donde Jesús vinculó directamente los acontecimientos de los últimos tiempos con la caída de Jerusalén. Un problema notable para el preterismo es que tiende a considerar las descripciones del juicio de Dios que parecen de alcance global reduciéndolas a sucesos históricos limitados, como la caída de Jerusalén.

Historicismo

Esta interpretación considera Apocalipsis como una línea de tiempo simbólica de la historia del mundo desde la primera venida de Jesús hasta la segunda. El historicista trata de emparejar visiones de Apocalipsis con sucesos notables de la historia mundial. Por ejemplo, algunos reformadores protestantes adoptaron un criterio historicista e identificaron al Papa como el anticristo. Otros han interpretado las siete cartas a las iglesias (Apocalipsis 2–3) como una línea del tiempo de las diferentes etapas de historia eclesial. Un gran obstáculo para el historicismo es el hecho de que es bastante subjetivo: convierte Apocalipsis en un test de manchas de tinta. ¿Cómo sabemos cuáles sucesos mundiales son los que Apocalipsis describe en una visión particular?

Futurismo

Los futuristas interpretan Apocalipsis primordialmente como una descripción de sucesos que todavía no han ocurrido. Este criterio, por lo general, lee Apocalipsis como profecía del fin de los tiempos, antes del regreso de Jesús. El futurismo es similar al historicismo, excepto que el futurismo cree que Apocalipsis se refiere principalmente a la última franja de la historia. La dificultad con el futurismo es determinar cómo Apocalipsis pudo tener alguna relevancia para los cristianos del primer siglo, a quienes se les escribió explícitamente el mensaje.

Idealismo

Este criterio no trata de emparejar las visiones de Apocalipsis con acontecimientos históricos específicos. Antes bien, lee Apocalipsis como una descripción altamente simbólica del conflicto espiritual entre Jesús y Satanás y el bien y el mal, a lo largo de la historia. Puesto que el idealismo desvincula Apocalipsis de la historia, también nos separa de cualquier esperanza de que Jesús en realidad vuelva para poner fin a la historia.

Y una más...

Hay un criterio más para leer Apocalipsis. Puede que lo hayas considerado mientras leías este texto. En su comentario de Apocalipsis, Greg Beale llamó a este critero «**eclecticismo**».[1] Según este criterio, hay algo de verdad en cada uno de los cuatro criterios, y trata de sintetizarlos de algún modo.

Con el transcurso de los años he llegado a adoptar un criterio ecléctico. Tengo la tendencia a leer Apocalipsis como un libro que describe realidades espirituales que se repiten de manera cíclica a lo largo de la era de la iglesia. Con todo, esas realidades tienen cumplimientos históricos concretos en el pasado, el presente y el futuro. Así, retomemos por ejemplo

1. G. K. Beale, *The Book of Revelation*, The New International Greek Testament Commentary (Grand Rapids: Eerdmans, 2013).

la «bestia» de Apocalipsis 13. Cuando Juan escribió Apocalipsis, esa bestia parecía ser indudablemente Roma. Pero la bestia no cayó con el Imperio romano. Sigue asomando su horrible cabeza que niega a Cristo y devora a la iglesia mediante varios poderes mundiales a lo largo de la historia. Y temo que habrá al final una última bestia, la peor de todas, justo antes de que Jesús regrese y que el mundo termine.

¿Esto me convierte en un idealista o en un historicista? ¿Soy un preterista o un futurista? No estoy seguro. Pero lo que sí sé es que esto hace de mí un hombre que anhela el día cuando se oiga a grandes voces la exclamación: «Los reinos del mundo han venido a ser de nuestro Señor y de su Cristo; y él reinará por los siglos de los siglos» (Apocalipsis 11:15).

Capítulo 5

¿Qué sucederá después que Jesús vuelva?

Sí, hay más.

Puede que parezca extraño preguntar: *¿Qué sucederá después que Jesús vuelva?* Si el mundo se acaba cuando Jesús vuelva, ¿cómo puede haber un «después»? ¿Acaso no se termina el juego y se apagan las luces de la historia humana?

La Biblia revela que después de la segunda venida de Cristo habrá un despliegue de sucesos climáticos y a gran escala, los cuales serán aun mayores que el milenio (véase el capítulo 4). Lo que ocurre después del regreso de Jesús va a eclipsar todo lo que haya sucedido antes de esto. Así como el fin de clases y la graduación marcan el comienzo de la vida de estudiante universitario, también el final de este mundo es apenas el comienzo de nuestra saga eterna. El fin del mundo no es el fin de la historia.

Apocalipsis 20:11-15 ofrece un adelanto del epílogo del mundo:

> Y vi un gran trono blanco y al que estaba sentado en él, de delante del cual huyeron la tierra y el cielo, y ningún lugar se encontró para ellos. Y vi a los muertos, grandes y pequeños, de pie ante Dios; y los libros fueron abiertos, y otro libro fue abierto, el cual es el libro de la vida; y fueron juzgados los muertos por las cosas que estaban escritas en los libros, según sus obras. Y el mar entregó los muertos que había en él; y la muerte y el Hades entregaron los muertos que había en ellos; y fueron juzgados cada uno según sus obras. Y la muerte y el Hades fueron lanzados al lago de fuego. Esta es la muerte segunda. Y el que no se halló inscrito en el libro de la vida fue lanzado al lago de fuego.

Este pasaje centra nuestra atención en cuatro escenas sucesivas, cada una de las cuales describe algo que va a suceder después del regreso de Jesús.

El gran trono blanco

En el centro de esta visión y, de hecho, de todo el libro de Apocalipsis, se levanta un gran trono. Es el trono de Dios. Dios gobierna sobre toda la creación desde su trono, y al final juzgará a la humanidad desde ese mismo trono. El profeta Daniel tuvo una visión similar al final: «Estuve mirando hasta que fueron puestos tronos, y se sentó un Anciano de días, cuyo vestido era blanco como la nieve, y el pelo de su cabeza como lana limpia» (Daniel 7:9).

El gran trono blanco de Dios que se revela al final de la historia debería servirnos de consuelo y a la vez de advertencia. Nos consuela porque promete que todo y que todos rendirán cuentas delante de Dios. En nuestro mundo, las personas quedan impunes por los terribles males que cometen. Genocidio, guerra, esclavitud y corrupción empañan la historia de la humanidad. Frente a toda esta injusticia sin respuesta, nosotros clamamos: «¿Dónde está Dios?».

Dios está donde siempre ha estado: en su trono. Y ese trono tendrá la última palabra. Nadie va a quedar impune por sus actos. Al final, la justicia y la rectitud prevalecerán y cada pecado será juzgado. ¡Que esto te infunda consuelo!

Y acepta la advertencia: Tú y yo también somos parte de este mundo pecador y descompuesto que debe rendir cuentas delante de Dios.

Los muertos de pie

Después de confrontarnos con una visión abrumadora del trono de Dios, Apocalipsis 20 pasa a un plano general para revelar una gran multitud de personas que están de pie frente al trono de Dios, una muchedumbre de muertos: «Y vi a los muertos, grandes y pequeños, de pie ante Dios» (v. 12). La muerte, el Hades y el mar entregarán a sus muertos (v. 13). Todo el mundo estará presente. Nadie podrá esconderse del gran trono blanco. Ni siquiera la tumba puede escondernos. La tierra y el cielo huirán de la presencia de Dios (v. 11), pero nosotros no tendremos esa opción.

Esta visión de los muertos de pie delante de Dios nos recuerda que habrá una gran resurrección de todas las personas después que vuelva Jesús, aunque no todos resucitarán para dirigirse al mismo destino. Apareceremos delante del trono de Dios en cuerpos nuevos. Daniel profetizó: «Y muchos de los que duermen en el polvo de la tierra serán despertados, unos para vida eterna, y otros para vergüenza y confusión perpetua» (Daniel 12:2). Y Jesús dijo: «No os maravilléis de esto; porque vendrá hora cuando todos los que están en los sepulcros oirán su voz; y los que hicieron lo bueno, saldrán a resurrección de vida; mas los que hicieron lo malo, a resurrección de condenación» (Juan 5:28-29).

La resurrección final puede ser una sorpresa porque muchas personas tienen una visión diferente de la vida después de la muerte, si acaso creen en ella. Es probable que hayas oído esta versión: Cuando mueres, revoloteas encima de tu cuerpo durante un breve momento, y luego atraviesas un túnel de luz enceguecedora. Al final de ese túnel te esperan tus familiares y amigos. Y así comienza una reunión familiar eterna, etérea e iluminada.

Sin importar cómo suceda exactamente el momento en el que nuestra alma abandona nuestro cuerpo, el hecho es que esa experiencia será pasajera. Dios resucitará a toda la humanidad de todas las épocas de la historia y las reunirá delante de su trono para una evaluación final, no para un pícnic familiar.

Los libros y el libro

Cuando el juez esté sentado y los acusados estén de pie, el juicio empezará con una presentación de la evidencia. La corte traerá dos documentos. «Los libros fueron abiertos, y otro libro fue abierto, el cual es el libro de la vida» (Apocalipsis 20:12).

¿Qué son exactamente estos dos elementos de prueba, estos «libros» y «el libro de la vida»?

Al parecer, los «libros» son un registro de las obras de cada persona, los cuales sirven como base para el juicio de Dios: «y fueron juzgados los muertos por las cosas que estaban escritas en los libros» (v. 12). ¡Imagina que todos tus pensamientos, palabras y actos registrados sean relatados delante de Dios!

Los libros de registro podrían sorprendernos, al igual que la resurrección. Muchas personas tienen diferentes expectativas acerca de cómo Dios va a evaluarnos en el día del juicio. A veces las personas se imaginan que Dios nos juzga con una balanza y no con libros de cuentas. En un lado de la balanza, Dios amontona nuestras buenas obras y en el otro, amontona nuestras malas obras. Y si tus buenas obras sobrepasan a tus malas obras, si por lo general eres más amable que mezquino, si al menos eres un 51% decente, entonces pasas la prueba y vas al cielo, al paraíso o a algún lugar «mejor».

Pero ni las salas de juicios ni el tribunal final usan

balanzas. Los jueces no pesan las buenas obras para compararlas con las malas obras para determinar la culpabilidad o la inocencia de un acusado. Un ladrón acusado nunca dirá a un juez: «Su señoría, yo sí robé ese banco sirviéndome de armas. Sin embargo, he sido voluntario durante varios meses en un albergue para personas sin hogar. Así que en su conjunto, soy una buena persona y no merezco ningún castigo». El juez daría un golpe con su mazo y diría: «¡Usted mismo se ha declarado culpable!».

En lugar de eso, los jueces y jurados tratan de determinar una cosa: ¿el acusado infringió la ley? Y en aquel día final, el Juez santo del universo abrirá el registro de nuestra vida para ver si hemos infringido su ley santa. ¿Hemos quebrantado sus mandamientos? ¿Hemos mentido, engañado, murmurado, codiciado, jurado, robado, abrigado lujuria o blasfemado? ¿Hemos sido inmorales sexualmente, idólatras, irreverentes, faltos de amor, crueles, iracundos, violentos, manipuladores, arrogantes, deshonestos, hemos causado divisiones entre personas o hemos estado ebrios o bajo el efecto de drogas? ¿Hemos sido incapaces de poner en práctica lo que Jesús señaló como los dos mandamientos bíblicos principales que son amar a Dios con todo nuestro corazón y amar a nuestro prójimo como a nosotros mismos?

¿Qué va a pasar contigo cuando la evidencia de tu vida entera sea medida conforme a las leyes de Dios? ¿Tendrás un historial impecable o habrá evidencia de sobra para probar que eres un infractor de la ley?

La respuesta debería ser obvia: Nadie va a pasar la prueba basado en sus obras tal como están registradas en los «libros». Todos seremos hallados como infractores de la ley. Por lo tanto, queda una sola esperanza para salir bien librados en el juicio final. Debemos estar inscritos en el segundo documento, el «libro de la vida». Apocalipsis 20 nos dice: «el que no se halló inscrito en el libro de la vida fue lanzado al lago de fuego» (v. 15). Ya hablaremos más adelante acerca del lago de fuego, pero el punto aquí es que si estás poniendo tu confianza en tu propio historial de obras, en tus mejores esfuerzos por ser una persona moral, religiosa, espiritual o patriótica, no tienes la mínima posibilidad de absolución, mucho menos de recibir la vida eterna. Tu nombre debe aparecer escrito en el libro de la vida.

¿Qué es el libro de la vida? Es el registro de todas las personas que Dios ha escogido y que Jesús ha salvado. En otro pasaje, Apocalipsis lo llama «el libro de la vida del Cordero» (13:8). El libro de la vida lleva el registro de las personas a quienes Dios ha rescatado de sus pecados por medio del sacrificio de Jesús. Daniel predijo: «pero en aquel tiempo será libertado tu pueblo, todos los que se hallen escritos en el libro» (Daniel 12:1).

¿Está tu nombre escrito en el libro de la vida? *¿Estás seguro?* ¿Te has arrepentido de tus pecados y has clamado a Dios para recibir misericordia? En lo que respecta a tu destino eterno, ¿has depositado tu confianza en Jesús y en su muerte y resurrección, o confías en lo que tú has hecho?

El lago de fuego

Aquellos que no aparecen en el libro de la vida del Cordero enfrentarán el lago de fuego, la «segunda muerte» (Apocalipsis 20:14). En esencia, el lago de fuego es el lugar más aterrador, horrendo y espantoso que pueda existir. Es el infierno, el destino final de todos aquellos que se oponen a Dios y sus leyes, y que rechazan a Jesús. Unos versículos antes encontramos una descripción horrible del lago de fuego:

> Y el diablo que los engañaba fue lanzado en el lago de fuego y azufre, donde estaban la bestia y el falso profeta; y serán atormentados día y noche por los siglos de los siglos (Apocalipsis 20:10).

Observa tres aspectos del lago de fuego:

- El lago de fuego es el juicio final para los enemigos de Dios, de los cuales hacen parte Satanás y sus seguidores, al igual que la muerte y el Hades.
- El lago de fuego es un lugar de tormento consciente, no de eliminación o aniquilamiento. Sus reos son «atormentados día y noche».
- El tormento del lago de fuego es eterno, dura «por los siglos de los siglos».

Como pastor, he hablado con personas que enfrentan su propia mortalidad. Y a veces les oigo decir que temen más al proceso de morir que a estar muertos como tal. Pero imagina un lugar donde siempre estás muriendo y nunca mueres, siempre atormentado pero nunca experimentas alivio, con un remordimiento constante sin poder experimentar perdón, asolado constantemente y nunca restaurado. Con razón Jesús describió el lago de fuego como el lugar del «lloro y el crujir de dientes». Y como muchos eruditos de la Biblia señalan, es probable que las descripciones del infierno sean en cierta medida figurativas. Es probable que la realidad sea peor de lo que sugieren las imágenes.

Cada vez que pensamos en la pesadilla del infierno es inevitable que surja una pregunta. ¿Cómo podría Dios infligir un castigo semejante a los seres humanos? Sí, todos somos pecadores culpables. Sin embargo, ¿merecen realmente una condenación eterna nuestras mentiras piadosas, chismes y fines de semana de embriaguez? Parece que el castigo eterno del infierno excede ampliamente los crímenes de una existencia finita, ¡o incluso de mil vidas!

En eso radica nuestro problema. No captamos la gravedad de nuestro crimen. El castigo sí es acorde con el crimen, pero nosotros no lo creemos porque no estimamos la atrocidad del crimen. No vemos cuán infinitamente digno, maravilloso y glorioso es Dios, y por eso no comprendemos ni sentimos cuán infinitamente vil y criminal es rechazar a Dios o los caminos de Dios.

Durante un sermón, escuché a un pastor amigo describir cuán justo es el infierno de la siguiente manera: Imagina que un chico golpea a otro en una riña escolar. ¿Qué le sucede al que propinó el golpe? Tal vez lo dejen detenido en la escuela después de clases o lo obliguen a escribir una carta para disculparse con su compañero.

Ahora imagina que el chico se enoja en clase y golpea a su maestra. ¿Qué sucede en ese caso? Probablemente sea expulsado de la escuela por un tiempo, si no de manera indefinida. Ahora imagina a este niño violento convertido en un joven que golpea a un policía. En este caso, el joven temerario irá a la cárcel por agresión a una autoridad. ¿Y si se convierte en alguien más violento e intenta atacar a un presidente o primer ministro? Es probable que sea ejecutado allí mismo en su intento por las fuerzas de seguridad.

En todos estos casos la acción es la misma. El asaltante imaginario ataca a otra persona. Pero el castigo por el ataque aumenta de manera proporcional al honor, la dignidad y la importancia de la víctima.

¿Qué pasa si la víctima es alguien infinitamente digno de honor y respeto? Trata de pensar en alguien tan maravilloso y extraordinario que su sola esencia define la medida de bondad, belleza y verdad absolutas. Despreciar y rechazar a un ser semejante sería un crimen infinitamente malo y exigiría un castigo equivalente. ¡Eso es lo que todos hemos hecho! Al desobedecer a Dios y vivir una vida para nuestra gloria en lugar de la suya, todos somos culpables de un crimen infinitamente malo.

No obstante, tenemos la asombrosa primicia del evangelio: Dios no solo fija la norma de la bondad y la verdad por medio de la cual somos juzgados, sino que también encarna la esencia del amor, por medio del cual podemos ser salvos. Dios nos amó tanto que envió a su único Hijo para sufrir y morir en la cruz en nuestro lugar por nuestros pecados, y luego resucitó. Jesús vino a rescatarnos de nuestro peor problema, un problema mucho más desastroso que la falta de empleo, el divorcio, la depresión, el cáncer o la soledad. Jesús nos rescató del infierno, del lago de fuego, de la segunda muerte. Por eso Jesús dijo a sus discípulos, después que ellos regresaron de predicar sanando y echando fuera demonios: «Pero no os regocijéis de que los espíritus se os sujetan, sino regocijaos de que vuestros nombres están escritos en los cielos» (Lucas 10:20).

Cómo empezará el nuevo mundo

Si Jesús solo hubiera librado a su pueblo de la destrucción eterna por medio de su muerte y resurrección, esas serían las mejores noticias del mundo. Pero Él hizo mucho más por nosotros. Jesús no solo nos salvó de algo (la muerte segunda), sino que nos salvó para algo. No solo pagó el castigo para que pudiéramos ser declarados inocentes delante del trono. También transfirió a su pueblo su propio historial perfecto de obediencia y amor con el propósito de darnos el derecho a algo mucho más grande. Él tomó nuestros pecados y nosotros recibimos su justicia. Como resultado, sus seguidores serán partícipes de los nuevos cielos y de la nueva tierra, el nuevo mundo que Dios va a crear.

> Vi un cielo nuevo y una tierra nueva; porque el primer cielo y la primera tierra pasaron, y el mar ya no existía más. Y yo Juan vi la santa ciudad, la nueva Jerusalén, descender del cielo, de Dios, dispuesta como una esposa ataviada para su marido. Y oí una gran voz del cielo que decía: He aquí el tabernáculo de Dios con los hombres, y él morará con ellos; y ellos serán su pueblo, y Dios mismo estará con ellos como su Dios. Enjugará Dios toda lágrima de los ojos de ellos; y ya no habrá muerte, ni habrá más llanto, ni clamor, ni dolor; porque las primeras cosas pasaron (Apocalipsis 21:1-4).

El fin de este mundo no es el fin de la historia. Después que el universo presente haya dejado de existir, después que la humanidad haya sido seleccionada y evaluada delante del trono de Dios, después que todos los enemigos de Dios hayan sido arrojados al lago de fuego para hundirse para siempre bajo la maldición divina, Dios hará algo increíblemente maravilloso. Dios creará nuevos cielos y una nueva tierra.

En el centro de esta nueva creación estará la nueva Jerusalén, el pueblo santo de Dios que está completamente preparado para ser la novia perfecta para Jesús. El pueblo de Dios nunca más experimentará lamento, dolor ni muerte, ni volverá a pecar jamás. Y lo mejor de la nueva creación es que Dios mismo vivirá con su pueblo. Es la presencia de Dios la que convierte el cielo en un lugar celestial y lo que hace de la nueva creación el mejor lugar jamás creado. De hecho, Jesús definió la vida eterna como conocer a Dios: «Y esta es la vida eterna: que te conozcan a ti, el único Dios verdadero, y a Jesucristo, a quien has enviado» (Juan 17:3). El pueblo de Dios gozará de vida eterna porque conocerá a Dios cara a cara.

O dicho de otra manera, los nuevos cielos y la nueva tierra serán todo lo que el infierno no es:

Lago de fuego	Nueva creación
Lloro y crujir de dientes	No más lamento ni lloro
Tormento eterno	No más dolor
Segunda muerte	No más muerte, sino vida eterna
Castigados por el pecado	Santificados para siempre
Habitando entre los enemigos de Dios	Habitando con el pueblo de Dios hecho perfecto
Separados de la presencia salvadora de Dios	Viviendo con Dios, casados con Cristo

Y si, en efecto, la realidad del infierno es mucho peor que las imágenes que usa la Biblia para describirla, ¿será entonces la nueva creación más grandiosa de lo que podamos imaginar, aún considerando la descripción bíblica? ¿Serán nuestros momentos más sublimes de gozo en esta vida y nuestras experiencias más grandiosas de la realidad de Dios en este mundo nada más un diminuto atisbo de lo que vamos a experimentar juntos cuando vivamos con Jesús en la nueva creación?

¿Alguna vez te has sentado a contemplar con asombro un amanecer? ¿Recuerdas lo que sentiste la primera vez que te enamoraste? ¿Has cantado alguna vez en una iglesia donde sentiste que el Espíritu Santo llenaba tu corazón y brillaba en cada rostro? ¿Recuerdas alguna cena especial en familia donde abundó la risa y la comunión fraternal? ¿Qué tal que todas esas experiencias en esta vida no sean más que un aroma de lo que Dios está preparando para nosotros en la nueva creación?

¡Jesús viene! El mundo se va a acabar, la humanidad será juzgada y empezará un nuevo mundo glorioso. Permite que estas realidades te embarguen. Deja que te sacudan hasta los cimientos y te muevan a entregarte a la misericordia de Jesús. Y luego unámonos a la oración del autor de Apocalipsis: «Amén; sí, ven, Señor Jesús» (Apocalipsis 22:20).

Capítulo 6

¿Cómo debemos vivir hasta que Jesús vuelva?

Lo que pensamos que acontecerá en el futuro determina lo que hacemos en nuestra vida presente. Tomamos decisiones, gastamos dinero y planeamos nuestros calendarios conforme a nuestros presupuestos acerca de lo que sucederá mañana. Christian compra acciones en una compañía ahora porque cree que va a generar dividendos en los próximos meses. Es muy probable que la ética de trabajo de Patricia en la actualidad se base en su pronóstico de oportunidades profesionales o si ella considera que su trabajo está en un punto muerto o paga un mal salario. ¿Invitará Carlos a Marcela a salir juntos por segunda vez? Eso depende. ¿Percibió durante el primer encuentro que la relación tenía algún futuro?

Mi padre murió el año pasado después de una batalla de 18 años contra el cáncer. Durante ese tiempo soportó muchos procedimientos quirúrgicos y tomó una gran cantidad de medicamentos, muchos de los cuales tenían horribles efectos secundarios. Lo hizo porque esos tratamientos le daban la esperanza de prolongar el tiempo que podía pasar con su familia. Y cuando los medicamentos disponibles ya no ofrecían ninguna posibilidad de combatir la enfermedad, él abandonó el tratamiento y con valentía enfrentó sus últimos días confiando en el Señor.

Este tipo de escenarios futuros posibles como predicciones económicas, oportunidades profesionales, opciones de tratamiento, tratan con hechos futuros en este mundo y pueden afectar en gran manera nuestras decisiones. ¿En qué medida debería nuestra comprensión del fin del mundo afectar nuestra vida presente? ¿Cómo deberíamos vivir el presente a la luz de la realidad futura definitiva, más precisamente del regreso de Cristo?

Jesús respondió esa pregunta por nosotros. Él no solo nos dijo que va a regresar, sino también lo que debemos hacer ante su regreso.

> Mirad también por vosotros mismos, que vuestros corazones no se carguen de glotonería y embriaguez y de los afanes de esta vida, y venga de repente sobre vosotros aquel día. Porque como un lazo vendrá sobre todos los que habitan sobre la faz de toda la tierra. Velad, pues, en todo tiempo orando que seáis tenidos por dignos de escapar de todas estas cosas que

vendrán, y de estar en pie delante del Hijo del Hombre (Lucas 21:34-36).

El mensaje de Jesús fue sencillo. Puesto que Él va a regresar, debemos «mirar por nosotros mismos» y «velar todo el tiempo». Una y otra vez, Jesús exhortó a sus discípulos a estar alerta y a prepararse para el día del Señor. Jesús contó varias parábolas para describir esta preparación. En el Evangelio de Mateo, Jesús enseñó que sus discípulos deben ser como:

- un padre de familia que se queda despierto en la noche a fin de estar preparado cuando un ladrón trata de entrar en la casa (24:43-44).
- un siervo fiel que hace su trabajo cuando su señor regresa (24:45-51)
- unas vírgenes que traen aceite suficiente para sus lámparas, de modo que, cuando llega el novio a la media noche, están listas para encenderlas y formar la procesión de bodas (25:1-13)
- un siervo que invierte fielmente el dinero de su señor mientras el señor se ha ido en un largo viaje (25:14-30).

En cada parábola encontramos un ejemplo de una persona que está vigilante, preparada y cumpliendo su misión en el momento en que alguien importante llega de manera repentina.

Pero, ¿qué significa exactamente para nosotros velar, estar preparados y ocupados en nuestro trabajo mientras esperamos el regreso de Jesús? Cuando menos, un cristiano vigilante debe caracterizarse por lo siguiente:

Fe

Empecemos por el fundamento. Puesto que el mundo va a terminar con el regreso de Jesús como Juez, debemos arrepentirnos ahora de nuestros pecados y poner nuestra fe en Jesús. Al decir fe, me refiero a algo más que creer el concepto de que va a regresar. Fe significa confiar en Jesús y en nada más para salvarte, y como resultado de esto seguirle cueste lo que cueste. Jesús dijo:

> Si alguno quiere venir en pos de mí, niéguese a sí mismo, y tome su cruz, y sígame. Porque todo el que quiera salvar su vida, la perderá; y todo el que pierda su vida por causa de mí, la hallará. Porque ¿qué aprovechará al hombre, si ganare todo el mundo, y perdiere su alma? ¿O qué recompensa dará el hombre por su alma? (Mateo 16:24-26).

El error más necio que una persona puede cometer sería desconocer a Jesús y solo vivir para el dinero, el sexo, la jubilación, la salud física o el reconocimiento. ¡Cuán necio es gastar tu vida por un mundo que va a terminar y rehusar seguir al único que al final puede salvarte!

Jesús hizo una vez un comentario a manera de reflexión: «Cuando venga el Hijo del Hombre, ¿hallará fe en la tierra?» (Lucas 18:8). Formulemos esta pregunta de una manera más personal: Cuando venga el Hijo del Hombre, ¿hallará fe en nosotros? ¿en ti? Si estás leyendo este libro y no te has arrepentido de tus pecados ni has confiado en Jesús, oro porque consideres seriamente cómo va a terminar el mundo, y clames a Jesús. Anímate, porque «todo aquel que invocare el nombre del Señor, será salvo» (Hechos 2:21).

Piedad

Cuando confiamos en Jesús, Él no simplemente salva nuestra alma del día del juicio. Su gracia salvadora transforma nuestra vida ahora para que seamos más santos, más como Él es.

> Porque la gracia de Dios se ha manifestado para salvación a todos los hombres, enseñándonos que, renunciando a la impiedad y a los deseos mundanos, vivamos en este siglo sobria, justa y piadosamente, aguardando la esperanza bienaventurada y la manifestación gloriosa de nuestro gran Dios y Salvador Jesucristo (Tito 2:11-13).

Esperar el regreso de Jesús no significa que seamos pasivos como cuando nos sentamos en un terminal de un aeropuerto contando los minutos hasta que abordamos un vuelo a otro lugar. Es más como un deportista que espera para participar en un torneo, o como una pareja comprometida que espera el día de su boda. Esa espera está llena de preparación activa. El deportista entrena, se ejercita y restringe su dieta. Y mientras la pareja comprometida espera, agendan el salón de recepciones, compran vestidos y preparan la lista de invitados.

De igual manera, quienes esperan el regreso de Jesús van a alistarse para la vida en una nueva creación donde reina la justicia (véase el capítulo 5). Se esforzarán por hacer morir el pecado y por crecer en su carácter en la semejanza de Cristo. Esto no quiere decir que alcancemos la salvación en el día del juicio por medio de nuestros logros en esta vida. Antes bien, la realidad de nuestra salvación se revela en una vida transformada en el presente. Escucha cómo Pablo relacionó nuestra salvación segura y la identidad en Jesús con la necesidad de crecer en santidad:

> Mas vosotros, hermanos, no estáis en tinieblas, para que aquel día os sorprenda como ladrón. Porque todos vosotros sois hijos de luz e hijos del día; no somos de la noche ni de las tinieblas. Por tanto, no durmamos como los demás, sino velemos y seamos sobrios. Pues los que duermen, de noche duermen, y los que se embriagan, de noche se embriagan. Pero nosotros, que somos del día, seamos sobrios, habiéndonos vestido con la coraza de fe y de amor, y con la esperanza de salvación como yelmo. Porque

> no nos ha puesto Dios para ira, sino para alcanzar salvación por medio de nuestro Señor Jesucristo, quien murió por nosotros para que ya sea que velemos, o que durmamos, vivamos juntamente con él. Por lo cual, animaos unos a otros, y edificaos unos a otros, así como lo hacéis (1 Tesalonicenses 5:4-11).

Es precisamente porque hemos llegado a ser hijos de luz que debemos vivir de manera sobria y permanecer despiertos, de tal modo que el regreso de Cristo no nos tome por sorpresa.

¿Te fijaste además en la última frase? Tenemos que animarnos los unos a los otros y edificarnos los unos a los otros. La búsqueda de la piedad a la luz del regreso de Cristo no está planeada para que la llevemos a cabo por nuestra cuenta. Crecer en santidad no es un deporte solitario. Antes bien, considera tu iglesia local como tu equipo y tu vida en esa iglesia como un entrenamiento en equipo. Cuando oyen juntos las enseñanzas bíblicas, adoran juntos, oran juntos y tienen comunión con los demás miembros de la iglesia, cuando sirven y se animan mutuamente, tú y los otros hijos de luz se preparan espiritualmente para el gran suceso: el regreso de Jesús.

Oración

Velar y estar listos para el regreso de Jesús debe ser algo que nos motive a orar. La Biblia conecta el acto de velar con la oración. Como vimos anteriormente,

Jesús dijo: «Velad, pues, en todo tiempo orando que seáis tenidos por dignos de escapar de todas estas cosas que vendrán, y de estar en pie delante del Hijo del Hombre» (Lucas 21:36). Pedro dijo: «Mas el fin de todas las cosas se acerca; sed, pues, sobrios, y velad en oración» (1 Pedro 4:7).

¿Recuerdas cuando Jesús oró en el huerto de Getsemaní, justo antes de ser llevado para ser crucificado? Mientras oraba, tarde en la noche, los discípulos se quedaron dormidos. Jesús los reprendió:

> ¿Así que no habéis podido velar conmigo una hora? Velad y orad, para que no entréis en tentación; el espíritu a la verdad está dispuesto, pero la carne es débil (Mateo 26:40-41).

La verdadera oración exige que estemos física y espiritualmente despiertos. ¿Qué significa «espiritualmente despierto»? Significa, por ejemplo, que somos conscientes del valor supremo de la gloria y del reino de Dios. Y como resultado de esto, nuestra respuesta es decir: «Venga tu reino. Hágase tu voluntad, como en el cielo, así también en la tierra». Oramos por el plan de Dios como la salvación de los perdidos, el fortalecimiento de nuestra iglesia local y el trabajo de los misioneros.

O, como en el caso de los discípulos en Getsemaní, cuando estamos despiertos espiritualmente reconocemos que estamos en una batalla espiritual contra la tentación y contra un tentador, de modo que oramos:

«No nos metas en tentación, mas líbranos del mal». Le pedimos a Dios que nos fortalezca para no ceder a nuestra inclinación a la ebriedad, la murmuración, la pornografía o el afán por agradar a las personas.

Esperar el regreso de Jesús puede ser agotador. Necesitamos el poder del Espíritu Santo para permanecer firmes en la fe y para estar vigilantes frente a la tentación. ¿Cómo es tu práctica diaria de oración? ¿Estás despierto y tienes comunión diaria con Jesús, o estás desconectado? ¡Ora a menudo con otros cristianos y ayúdense mutuamente a mantenerse alerta!

Trabajo

En sus parábolas, Jesús comparó al cristiano vigilante con un siervo que trabaja con diligencia mientras su señor está lejos. Antes de que nuestro señor regrese, vamos a enfrentar la enorme tarea de advertir al mundo acerca del regreso de Jesús y a comunicar las buenas nuevas de que este mismo Jesús salvará a todo aquel que se arrepienta y crea en Él.

En el capítulo 2 aprendimos acerca de algunos sucesos terribles que van a ocurrir antes de que Jesús regrese, como falsos maestros, persecución y guerras. Sin embargo, también hay una promesa respecto a esta obra del evangelio. Jesús profetizó: «Y será predicado este evangelio del reino en todo el mundo, para testimonio a todas las naciones; y entonces vendrá el fin» (Mateo 24:14).

Si nos cautiva la realidad del regreso de Jesús y del fin del mundo, debemos motivarnos en nuestro corazón la urgencia de proclamar «este evangelio del reino» a todas las naciones. Los siervos fieles que están vigilantes participan de manera intencional en la obra de proclamación. Oran para pedir oportunidades y valor para comunicar las buenas nuevas. Invitan a sus amigos a leer la Biblia. Ofrendan dinero a su iglesia local y a misioneros para apoyar el ministerio del evangelio. Oran porque otras iglesias se animen a plantar nuevas iglesias. Algunos incluso renuncian a una vida cómoda en una cultura conocida para vivir en otra cultura como misioneros.

Esta clase de comportamiento carece de sentido para el mundo. Parece un desperdicio de tiempo, de recursos y de talento. Pero aquellos que esperan el regreso de su Señor consideran la inversión de sus vidas para Él como la respuesta más lógica del mundo.

Desprendimiento

Vivir a la luz del regreso de Jesús lleva no solo a un compromiso con la extensión del evangelio en el mundo, sino también a cierto nivel de desprendimiento del mundo. Si este mundo va a terminar, ¿para qué aferrarse a este con tanto empeño? Pablo escribió a los cristianos en la ciudad romana de Corinto:

> Pero esto digo, hermanos: que el tiempo es corto; resta, pues, que los que tienen esposa sean como si no la tuviesen; y los que lloran, como si no llorasen; y los que se alegran, como si no se alegrasen; y los que compran, como si no

> poseyesen; y los que disfrutan de este mundo, como si no lo disfrutasen; porque la apariencia de este mundo se pasa (1 Corintios 7:29-31).

¿Está diciendo Pablo que los cristianos deberían divorciarse de sus esposas o dejar de sentir emociones? ¿Deberían ser como los milleritas que creían que Jesús iba a regresar en el siglo XIX, de modo que vendieron sus posesiones y esperaron en las montañas el regreso de Cristo?

No. Este no es un llamado a que los cristianos vayan y vivan en cuevas como ermitaños mientras esperan el regreso de Jesús. Antes bien, es un llamado a evitar dejarse cautivar y enredar por el mundo en tanto que aún vivimos en el mundo. El punto que Pablo quiere señalar es que no tiene sentido ocupar la vida entera en un mundo que se dirige a su extinción. Es como la advertencia de Jesús: «Mirad también por vosotros mismos, que vuestros corazones no se carguen de glotonería y embriaguez y de los afanes de esta vida, y venga de repente sobre vosotros aquel día» (Lucas 21:34).

Si eres un seguidor de Jesús, eres un extranjero y advenedizo espiritual en este mundo. ¿Asumes las cosas terrenales como un peregrino que viaja ligero o como un colono que planea quedarse?

Esperanza

Por último, quienes viven a la luz de la segunda venida de Jesús deben caracterizarse por una fe inconmovible.

El regreso de Jesús es una esperanza para los cristianos que sobrepasa largamente lo peor que esta vida pueda depararnos. Como dijo Pablo: «Pues tengo por cierto que las aflicciones del tiempo presente no son comparables con la gloria venidera que en nosotros ha de manifestarse» (Romanos 8:18).

¿Estamos enfermos o incapacitados, afectados por una enfermedad mental? Tenemos esperanza de tener cuerpos resucitados que estarán libres de enfermedad y aflicción. ¿Estamos solos? Nos aguarda una comunión eterna con Jesús y con su pueblo. ¿Estamos cansados de un mundo destruido por la injusticia y el pecado? Dios nos ha prometido una nueva creación saturada de justicia. Cuando confiamos en Jesús, encontramos paz y confianza aun frente a la muerte.

Esta esperanza ha impulsado a los cristianos a lo largo de los siglos a sufrir gustosos por causa del evangelio. Los seguidores de Jesús han aceptado dispuestos la prisión, la pobreza, los azotes, las calumnias, el ostracismo y el martirio, porque esperan una gloria que repondrá con creces sus pérdidas en esta vida. Como dijo el famoso misionero mártir Jim Elliot: «No es un tonto el que da lo que no puede guardar, para obtener lo que no puede perder». Esas son las palabras de un hombre henchido de esperanza.

¿Cómo debemos vivir hasta que Jesús regrese? Básicamente debemos vivir como Jesús vivió durante el tiempo que estuvo en la tierra. Cuando Jesús moró entre nosotros, confió a diario en el Padre, fue ejemplo perfecto de piedad y obediencia, y oró mucho. Rechazó los ofrecimientos de Satanás de gloria mundana y en lugar de eso se dedicó a la obra del evangelio que el Padre le había encomendado. Esa obra lo llevó a sacrificar su vida en la cruz para salvarnos.

Hasta que Jesús regrese, sigamos su ejemplo. Imitemos su fe, su santidad, su trabajo y su esperanza. «Despojémonos de todo peso y del pecado que nos asedia, y corramos con paciencia la carrera que tenemos por delante, puestos los ojos en Jesús, el autor y consumador de la fe, el cual por el gozo puesto delante de él sufrió la cruz, menospreciando el oprobio, y se sentó a la diestra del trono de Dios» (Hebreos 12:1-2).

¿Cuándo regresará Jesús?

Los cristianos que esperan el regreso de Jesús no pueden evitar preguntarse: «¿Cuándo va a regresar?». ¿Será posible que venga mientras estamos vivos? ¿Qué pasa si estamos viviendo el fin de los últimos tiempos? De alguna manera resulta saludable pensar que Él va a regresar pronto, porque esto nos lleva a vivir velando.

Sin embargo, algunos han ido más allá y han intentado señalar el año e incluso la fecha del regreso de Jesús. Por lo general, estos detectives del día del juicio final juntan partes de profecías de libros como Daniel y Apocalipsis, y a veces las conectan con sucesos de actualidad con el propósito de señalar la fecha del último día.

Por ejemplo, William Miller predijo que Jesús regresaría en algún momento entre el 21 de marzo de 1843 y el 21 de marzo de 1844. Miles de «milleritas» vendieron sus posesiones y esperaron el fin que nunca vino. Edgar Whisenant publicó un pequeño libro titulado *88 Razones por las cuales Cristo regresará en 1988*. Y, como podrás suponer, tuvo que replantear sus cifras. Llegó a predecir el regreso de Jesús en 1989, 1993 y 1994. Algunos consideran hoy el establecimiento del estado de Israel en 1948 como una señal de que Jesús regresará en el transcurso de la vida de esa generación que estaba viva en aquel año. A propósito, ¿te has dado cuenta alguna vez que quienes aseguran conocer el tiempo del regreso de Jesús casi siempre predicen que tendrá lugar mientras ellos están vivos y no cientos de años en el futuro?

Sin embargo, Jesús dejó perfectamente claro que nadie sabe cuándo va a regresar, ni siquiera Él mismo: «Pero del día y la hora nadie sabe, ni aun los ángeles de los cielos, sino sólo mi Padre» (Mateo 24:36).

Algunos han sugerido que, si bien no podemos saber el día ni la hora, es posible que podamos discernir el año o la «estación» general del regreso de Jesús. Jesús también dijo:

> **De la higuera aprended la parábola: Cuando ya su rama está tierna, y brotan las hojas, sabéis que el verano está cerca. Así también vosotros, cuando veáis todas estas cosas, conoced que está cerca, a las puertas. De cierto os digo, que no pasará esta generación hasta que todo esto acontezca (Mateo 24:32-34).**

¿Nos invita este versículo a calcular si estamos en la última temporada previa al regreso de Cristo?

Probablemente no. La frase «esta generación» se refiere casi con toda seguridad a las personas a quienes Jesús hablaba en ese momento, y no a nosotros o a una generación futura.

Entonces, ¿qué son «todas estas cosas» (v. 34) que deben suceder en esa generación? Al parecer, Jesús se refiere a los terribles acontecimientos del principio del capítulo que según Jesús profetizó sucederían antes de su Segunda Venida (véase el capítulo 2). En otras palabras, Jesús estaba advirtiendo a sus discípulos que los últimos días habían llegado finalmente y que ellos experimentarían las pruebas que, según Él dijo de antemano, sucederían antes de su Segunda Venida.

¿Es posible que estemos cerca del fin en este momento? Sin duda es posible. A veces parece que las cosas no podrían ponerse peor. Pero otros han tenido la misma impresión en otras generaciones. ¿Para qué gastar tiempo y energía calculando algo que ni siquiera Jesús sabe? ¿Acaso no deberíamos estar vigilantes y preparados para recibir a Jesús sin importar cuál sea la fecha? Los cristianos deben enfocarse en llevar a cabo la obra que tienen por delante y no en mirar el reloj.

Estos libros de agradable y fácil lectura explican claramente cómo la Biblia responde a las preguntas que hacen los cristianos.

EDITORIAL
PORTAVOZ

NUESTRA VISIÓN

Maximizar el efecto de recursos cristianos de calidad que transforman vidas.

NUESTRA MISIÓN

Desarrollar y distribuir productos de calidad —con integridad y excelencia—, desde una perspectiva bíblica y confiable, que animen a las personas a conocer y servir a Jesucristo.

NUESTROS VALORES

Nuestros valores se encuentran fundamentados en la Biblia, fuente de toda verdad para hoy y para siempre. Nosotros ponemos en práctica estas verdades bíblicas como fundamento para las decisiones, normas y productos de nuestra compañía.

Valoramos la excelencia y la calidad.
Valoramos la integridad y la confianza.
Valoramos el mérito y la dignidad de los individuos y las relaciones.
Valoramos el servicio.
Valoramos la administración de los recursos.